Frühlingsfit

Bildnachweis:

Creativ Collection: Seite 51
Foto Eisl: Seiten 27, 45
Foto Wilke, Wien: Seite 56
Image Source: Seite 38
John FOXX Images: Seite 31
Lizzi Bankhofer: Seiten 8, 24, 34
MEV: Seiten 10, 48, 84
Peter Schweiger, Wien: Seite 63, 72
Stockbyte: Seite 20, 71

ISBN 978-3-7088-0375-3

© Firmensitz:	Kneipp-Verlag GmbH, Kunigundenweg 10, A-8700 Leoben
Autor:	Prof. Hademar Bankhofer
Coverbild	© Thomas Ramstorfer/FIRST LOOK
Lektorat:	Martina Schäffer, Kneipp-Verlag
Layout, technische Bearbeitung:	Hubert Liebenberger, Kneipp-Verlag
Druck:	Theiss GmbH, A-9431 St. Stefan
1. Auflage	Leoben, Jänner 2007

Fasten, entgiften, entschlacken

Frühlingsfit

Prof. Hademar Bankhofer

KNEIPP VERLAG
LEOBEN · WIEN

Inhalt

country

Mit Schwung in den Frühling

Ein Vorwort

Egal, ob ein milder oder ein extrem harter Winter gerade zu Ende geht – Sie sind sicher auch der Meinung: Er hat in jedem Fall zu lange gedauert.

Der Frühling ist die ideale Zeit für ein Jungbrunnen-Programm, das die Wissenschaft heute als »Anti-Aging-Programm« bezeichnet.

Wer zum Start in den Frühling seinen Körper entschlackt und entgiftet, wer seine Ernährung der schönen Jahreszeit anpasst, wer die Kraft der ersten Frühlingskräuter nützt und im Gehirn die Produktion möglichst vieler Glückshormone möglich macht, der kann den Alterungsprozess des Winters nahezu ungeschehen machen. Und wenn man das jeden Frühling schafft, dann kann man um ein entscheidendes Stück jünger durchs Leben gehen. Auf diese Weise wird die schöne Jahreszeit ein besonderer Genuss.

Lassen Sie sich daher von mir an der Hand nehmen. Starten Sie mit mir Ihr ganz persönliches Fitnessprogramm in den Frühling. Nützen Sie all die Möglichkeiten, welche die Naturmedizin und die Ernährungswissenschaft bieten.

Sie werden sehen: Es macht Spaß, die seelische und körperliche Last des Winters abzuwerfen und sich rundum zu erneuern. Ich habe dazu für Sie viele Rezepte, Tipps, Tricks und Anregungen vorbereitet. Sie sind fast alle ganz einfach und leicht nachvollziehbar.

Herzlichst Ihr

Prof. Hademar Bankhofer

Fasten, entgiften, entschlacken

Das Fasten hatte immer schon eine große Bedeutung für Körper, Geist und Seele. In allen großen Religionen wird das Fasten als Weg zur inneren Ordnung empfohlen.

Das üppige Leben beeinträchtigt nicht nur die Klarheit des Denkens und die Harmonie der Seele, sondern bedroht vor allem die Gesundheit des Körpers. Fasten kann daher gerade in unserer Zeit zur Medizin für Körper und Seele werden. Es ist kein Zufall, dass die Medizin den Begriff „Heilfasten“ geprägt hat.

Viele Fakten sprechen für das Fasten:

- Wir essen zu viel. Und dazu noch das Falsche. Unser Körper wird tagtäglich mit zu fetter, ballaststoffarmer Nahrung belastet.
- Nahrung, aber auch unsere Luft ist von zahllosen Umweltschadstoffen belastet. Die stellen für unsere Gesundheit, unser Leben und vor allem für das vorzeitige Altern eine enorme Gefahr dar.
- Viele trinken reichlich Alkohol.
- Die meisten von uns machen zu wenig Bewegung.
- Wir haben Stress, oft privat und beruflich. Wir müssen uns in einer hektischen, egoistischen Zeit durchsetzen. Wir brauchen dazu starke Nerven.
- Wir leben in einer Informationsgesellschaft und werden von morgens bis abends in unserer Multimediawelt überfordert: Fernsehen, Hörfunk, Internet, E-Mail, Telefax, Telefon vom Festnetz bis zum Handy.
- Wir haben immer weniger Zeit für uns selbst, können kaum mehr allein sein und völlig zurückgezogen unsere Gedanken sammeln.

Was bedeutet eigentlich Fasten?

Fasten heißt: Einige Zeit wird keine feste Nahrung aufgenommen, dafür aber dem Organismus viel Flüssigkeit zugeführt. Das ist logisch: Der Körper besteht aus 70 % Wasser und kann ohne Flüssigkeitszufuhr nicht existieren.

Auswirkungen des Fastens

- Der Darm bekommt ein Generalservice.
- Fettpölsterchen an vielen Körperstellen werden abgebaut und für die Energieversorgung des Körpers herangezogen.
- Unser Körper ist für das Aufnehmen und Speichern von Nahrung und Nahrungssubstanzen programmiert. Beim Fasten heißt das Hauptziel aber: Ausscheiden. In der Praxis bedeutet das: Mit dem Fasten wird unsere körpereigene »Müllabfuhr« wieder in Schwung gebracht. Umweltschadstoffe in unserem Organismus, aber auch körpereigene Stoffwechselschlacken werden verstärkt ausgeschieden. Das ist ein sehr wichtiger Entgiftungsprozess. Wer nämlich zu viele Schadstoffe und Stoffwechselschlacken im Körper ansammelt, der schwächt die natürlichen Abwehrkräfte und ist damit verstärkt krankheitsanfällig.
- Überflüssige Stoffwechselschlacken werden ausgeschwemmt.
- Das Tempo der gesamten Stoffwechselabläufe wird herabgesetzt.
- Der Kreislauf ist in dieser Zeit nicht so stabil wie sonst.

Kleine Fastenkur zu Hause

Sprechen Sie vor der Fastenkur mit Ihrem Hausarzt, vor allem dann, wenn Sie ein chronisches Leiden haben, ständig Medikamente einnehmen müssen oder nicht ganz gesund sind. Wenn er keine Einwände hat, können Sie mit der Fastenkur beginnen.

Wichtige Voraussetzungen für die kleine Fastenkur zu Hause:

- Die ideale Zeit für eine Fastenkur zu Hause ist ein Kurzurlaub oder zumindest ein verlängertes Wochenende. Sie müssen aber darauf achten, dass diese Tage frei von Verpflichtungen und Zwängen sind, um sich ganz auf sich konzentrieren zu können.

- Auch zu Hause müssen Sie Stress und Lärm vermeiden. Meiden Sie daher alle Menschen, mit denen Sie leicht in Streit geraten. Sagen Sie alle privaten Termine und gesellschaftlichen Verpflichtungen ab.
- Machen Sie viel Bewegung. Herumsitzen passt nicht zum Fasten. Es muss allerdings eine sportliche Tätigkeit sein, die den Organismus nicht anstrengt.
- Lenken Sie auch kein Fahrzeug, um sich und andere nicht zu gefährden.
- Die Wirkung des Fastens hängt von der inneren Ruhe und Harmonie ab. Richtig ist es daher, wenn man während der Fastentage auf Fernsehen, Radio und auf Zeitungen verzichtet. Das Konsumieren von täglichen Nachrichten bedeutet nämlich erheblichen Stress.
  Der Wiener Labor-Mediziner Prof. DDr. Jörg Birkmayer hat das einmal gemessen. Nach den Hauptnachrichten im Fernsehen mit all den negativen Meldungen aus aller Welt steigen die Stresshormone enorm an. Aber auch die Triglyzeridwerte und der Blutdruck klettern hoch und belasten die Gesundheit.

1-Tag-Fasten

Wenn Sie etwas für Ihre Gesundheit tun wollen, dann legen Sie einen Fastentag ein. Der Fastentag macht Spaß und hilft Ihrer Verdauung. Sie werden die Erfahrung machen, dass Sie sich anschließend nicht nur viel wohler fühlen, sondern auch eine bessere Laune haben werden. Gleichzeitig stellt der Fastentag einen »Schnupperkurs« für eine spätere größere Fastenkur dar und ist vor allem für jene gut geeignet, die nicht wissen, wie ihr Körper auf eine Fastenkur reagiert. Und so sieht der Ernährungsplan für diesen einen Tag aus:

Am Morgen: 1 Becher Magerjogurt ohne Früchte, dazu 2 Tassen ungesüßter Kräutertee: Pfefferminztee, Hagebuttentee, Mariendisteltee oder Melissentee.

Zu Mittag: 250 g Magertopfen (-quark) mit frischen, gehackten Kräutern. Unbedingt sollte Schnittlauch dabei sein. Er liefert Eisen und sehr viel Vitamin C.

Am Abend: Die gleiche Portion Magertopfen (-quark), diesmal aber mit etwas Mineralwasser schaumig geschlagen und mit klein geschnittenen frischen Früchten, am besten Kiwi, Apfel oder Birne, gemischt.

Fastensuppen
für das 3-Tage-Fasten

Portionen für 2 Personen

Fastensuppe aus Kartoffeln und Gemüse

- Schneiden Sie 1 kg Kartoffeln und 1 kg Gemüse (Karotten, Sellerie-wurzel, Petersilienwurzel, ein Stück Kohl, Zwiebel, Tomaten, Paprika) in kleine Stücke und legen Sie es in einen Topf mit 2 Liter kaltem Wasser. Geben Sie 3 Esslöffel geschrotetes Dinkelkorn dazu und würzen Sie mit Kümmel, Muskat, Pfefferkörnern, mit einem Lorbeerblatt, Liebstöckel und Ingwerpulver.
  Es darf kein Salz verwendet werden. Kochen Sie das Ganze nun 30 Minuten. Dann lassen Sie den Topf zugedeckt einige Zeit stehen. Danach durchseihen.

Diese Fastensuppe besteht nur aus der Flüssigkeit ohne Gemüse. Sie wird nun in kleinen Schlucken getrunken. Erlaubt ist, so viel man will.

Die Suppe bringt dem Organismus viele gesundheitliche Vorteile: Sie ist basisch und baut die Übersäuerung im Körper ab, eine wesentliche Aufgabe des Fastens. Eine Übersäuerung ist für viele gesundheitliche Störungen verantwortlich.

Die Fastensuppe schafft ein wertvolles basisches Gegengewicht und hilft, überschüssige Säuren abzubauen.
Die Suppe hat aber noch einen Vorteil: Sie kann zu hohe und erhöhte Cholesterinwerte senken.

Kartoffel-Karotten-Suppe

- 200 g rohe Kartoffeln werden geschält und in kleine Stücke geschnitten. Dazu kommen 300 Gramm geputzte Karotten. Das Gemüse wird mit 1 1/2 Liter Gemüsebrühe (Reformhaus) übergossen und 25 Minuten weich gekocht. Im Mixer pürieren. Dann kommen 2 Esslöffel klein gehackte frische Brennnesselspitzen und 1 Esslöffel gehackte Petersilie dazu.

Sellerie-Suppe

- 500 g Sellerieknollen waschen, putzen und schälen, in kleine Stücke schneiden. In einem Küchentopf mit 1 1/2 Liter Gemüsebrühe (Reformhaus) 25 Minuten kochen. Dann mit einem Mixstab alles pürieren, mit 3 Esslöffeln frisch gehackten Kräutern (Petersilie, Brennnesselspitzen und Kresse) würzen.

Karotten-Petersilien-Suppe

- 100 g rohe Kartoffeln werden geschält, in kleine Stücke geschnitten. Dann kommen 400 Gramm geputzte und ebenfalls klein geschnittene Petersilienwurzeln dazu. Man gießt mit 1 1/2 Liter Gemüsebrühe (Reformhaus) auf und lässt das Ganze 25 Minuten weich kochen. Dann gibt man 3 Esslöffel klein gehackten Kerbel dazu. Alles mit dem Mixstab pürieren, mit frisch geriebener Muskatnuss und ganz wenig Meersalz würzen.

3-Tage-Fasten

Das 3-Tage-Fasten ist eine kleine Fastenkur für zu Hause, die nicht viel Zeit kostet und keinen großen Aufwand macht. Abnehmwillige, die dauernd Medikamente einnehmen müssen, sollten vor dem Fasten mit ihrem Arzt sprechen.

Begonnen wird die kleine Fastenkur mit einem Entlastungstag. So nennt man den Vorbereitungstag für das eigentliche Fasten.

Der Körper soll von der gewohnten Ernährung »entlastet« werden. An diesem Tag darf man ausschließlich Obst essen. Die erlaubte Menge: 1,5 Kilo. Teilen Sie das Obst auf 3 Mahlzeiten am Tag auf. Mischen Sie am besten Äpfel, Birnen, Kiwis und Trauben. Da man diese Obstsorten heute rund ums Jahr kaufen kann, gibt es da keine Probleme.

Man trinkt an diesem Tag vom Morgen bis zum Abend 2 bis 3 Liter Wasser oder einen mit Wasser stark verdünnten naturtrüben Apfelsaft ohne Zuckerzusatz.

Nach diesem Entlastungstag beginnen nun die eigentlichen 3 Fastentage. Jeder Tag muss, was die Nahrungszufuhr betrifft, gleich aussehen. Morgens trinkt man 2 Tassen Pfefferminztee oder

Mate-Tee, ungesüßt natürlich. Danach sollte man lesen, Musik hören, spazieren gehen und zu Mittag gibt es dann die Fastensuppe (Rezepte Seite 14).

Beim Fasten muss auch abends nach strengen Regeln konsumiert werden. Da gibt es den Abendtrunk und sonst nichts.

Variante 1:
Trinken Sie 1/8 Liter frisch gepressten Orangensaft mit 1/8 Liter Wasser gemischt. Sie können auch einen anderen Obstsaft wählen.

Variante 2:
Trinken Sie in derselben Mischung 1/8 Liter Gemüsesaft aus biologischem Anbau mit 1/8 Liter Wasser.

Nach den 3 Fastentagen, an denen man morgens Pfefferminztee, mittags die Fastensuppe und abends den Abendtrunk zu sich genommen hat, gibt es 3 Aufbautage.

Reaktionen aufs Fasten

Wer im Frühling zum ersten Mal eine Fastenkur durchführt, darf sich nicht von den auftretenden unangenehmen Nebenerscheinungen entmutigen lassen.

- Es tritt meist starker, penetranter Körpergeruch auf. Der Schweiß riecht intensiv und scharf. Eventuell sollten Sie zweimal am Tag duschen: morgens und abends.

  Sehr wichtig: Putzen Sie öfter am Tag die Zähne. Und sagen Sie dem Zungenbelag mit einer eigenen Zahnbürste den Kampf an. Bürsten Sie die hässliche Schicht vorsichtig weg.

- Parallel dazu leidet man unter starkem Mundgeruch mit einem dicken, unansehnlichen Zungenbelag.

  Wenn der Mundgeruch besonders penetrant ist, verrühren Sie in einem Glas Wasser 1 gehäuften Teelöffel Heilerde für den inneren Gebrauch (Apotheke) und trinken das Ganze mit Schwung. Die feine Heilerde bildet in Magen und Darm eine riesige Oberfläche, saugt Gifte und Gärstoffe auf und transportiert sie rasch über den Darm aus dem Körper.

- Die Nase rinnt, als ob man einen starken Schnupfen hätte.
- Man friert ständig und ist müde.
- Der Harn ist dunkel gefärbt und riecht intensiv und unangenehm.
- Bei Frauen und Mädchen kann sich die monatliche Periode verzögern.
- Sehr oft ist man geistig blockiert. Die Merkfähigkeit und das Erinnerungsvermögen sind gestört.
  Deshalb sollten Autofahrer in der Zeit des Fastens ihren Wagen nicht benutzen.
- In den ersten Fastentagen treten oft Schlafprobleme auf.
- Man ist ruhelos, nervös. Es treten immer wieder Stimmungsschwankungen auf.
- Was auffällt und positiv zu bewerten ist: Der Geruchs- und Geschmackssinn sind besonders ausgeprägt. Man empfindet bereits ganz wenig Salz als störend und empfindet es als ekelig, wenn im Nebenraum jemand eine Zigarette raucht.

Fastenbrechen und Kostaufbau

Wer übers Wochenende eine kleine Fastenkur mit Obst- oder Gemüsesorten durchführt, der braucht über den Kostaufbau danach nicht viel nachzudenken. Wichtig ist es, nicht gleich wieder in den Rhythmus mit ungesundem Essen und zu wenig Bewegung hineinzukommen, sondern sich fest vorzunehmen, einer gesunden Vollwertkost den Vorzug zu geben: Mit einem herrlichen Müsli in den Tag zu starten und am Abend üppiges Essen zu meiden.

Wenn man eine richtige kleine Fastenkur zu Hause durchgeführt hat – 3 Tage gefastet hat – dann ist das Fastenbrechen und der Kostaufbau für den Erfolg der Kur und das Wohlfühlen sehr wichtig.

Viele Menschen, die tapfer gefastet haben, denken am letzten Tag schon voller Sehnsucht an die mit den Lieblingsspeisen gefüllten Teller. Endlich kann man wieder essen, was das Herz begehrt ...

Doch die Enttäuschung ist groß: Vom großen Hunger ist beim Anblick einer üppigen Speise nichts übrig geblieben.

Und wer sich trotzdem in den Genuss stürzt, bezahlt mit Übelkeit, Magendrücken, schweren Verdauungsstörungen.

Für den Kostaufbau rechnet man ebenfalls 3 Tage. Es ist besonders wichtig, auch während der Aufbautage ausreichend zu trinken: stilles Mineralwasser, verdünnte Obstsäfte oder Kräutertee.

1. Aufbautag

Am 1. Aufbautag können wir drei kleine Mahlzeiten genießen.

Wir beginnen am **Vormittag** mit einem Apfel oder einer frischen rohen Karotte. Dazu knabbern wir 2 Haselnüsse oder 1 Walnuss. Zelebrieren Sie diese erste feste Mahlzeit nach den Fastentagen. Kauen Sie mit Andacht, speicheln Sie jeden Bissen sorgfältig ein, freuen Sie sich darüber, dass Sie jetzt wieder feste Nahrung essen dürfen.

Zu **Mittag,** etwa um 14 Uhr, gibt es eine Kartoffelsuppe: 1 große Kartoffel, 1 kleine Karotte, etwas Sellerie, wenn Sie mögen, und Porree. In 1/2 Liter Wasser dünsten, mit Salz und Kräutern würzen und mit 1 Esslöffel Rahm verfeinern. Achtung – nicht zu heiß essen. Wenn Sie satt sind, gleich aufhören, auch wenn von der Portion noch etwas übrig ist.

Am **Abend** löffeln Sie ein Jogurt mit geschrotetem Leinsamen und frischen Früchten, auf die Sie Lust haben. Wenn Sie noch Hunger haben, können Sie diesen mit 2 Stück Knäckebrot und einer Tasse Tee stillen.

2. Aufbautag

Der 2. Aufbautag beginnt mit 2 Dörrzwetschgen (am Vorabend in wenig Wasser einweichen) oder 1 Feige. Das hilft, die Verdauung wieder in Schwung zu bringen.

Zum **Frühstück** gibt es Kräutertee und eine kleine Portion Müsli mit 2 Esslöffeln Jogurt und 1/2 Apfel.

Zu **Mittag** gibt es eine Hirse-Tomaten-Suppe (2 EL Hirse in 1/2 l Wasser kochen, 2 EL Tomatenmark, etwas Zucker dazugeben, mit Salz, Rosmarin und Salbei würzen, mit frischem Basilikum bestreuen).

Am **Abend** genießen Sie entweder 2 EL mageren Topfen (Quark) mit Früchten oder ein 1/4 Jogurt mit etwas geschrotetem Leinsamen.

Danach können Sie noch Tee trinken und 2 Scheiben Knäckebrot knabbern.

3. Aufbautag

Der 3. Aufbautag beginnt wieder mit einem Getreideflockenmüsli: 2 EL Getreideflocken, 2 EL Rosinen, 1/2 Banane, 2 EL Zitronensaft, 1 TL Honig, geröstete Sonnenblumenkerne oder Haselnüsse und 2 EL süßer Rahm.

Zu **Mittag** dürfen Sie eine große Petersilienkartoffel mit 1 TL Butter, gedünstete Karotten in wenig Rahmsoße und als Dessert 1 Jogurt mit 1 EL Sanddornsaft und etwas Honig genießen.

Am **Abend** gibt es eine Getreide-Gemüse-Suppe: 1/2 Zwiebel, 1 EL frisch geschroteter Weizen in wenig Olivenöl anrösten, etwas Sellerie, 1 kleine Karotte klein schneiden, Liebstöckel, etwas Salz, alles in 1/2 Liter Gemüsebrühe (Brühwürfel-Suppe) weich kochen.

Verzichten Sie auch in den nächsten Tagen noch auf Nikotin, Kaffee und Alkohol.

Die Nerven und alle inneren Organe, vor allem die Leber, reagieren nach dem Fasten sehr empfindlich und jedes »Über-die-Stränge-Schlagen« hat fatale Nachwirkungen.

Es kann passieren, dass Sie nach 1 Tasse Kaffee die ganze Nacht wach liegen oder dass 2 Glas Wein Ihre Leberwerte sprunghaft verschlechtern!

Sie wissen nun, worauf es bei den Aufbautagen ankommt: Wenig mit Maßen genießen und dazu ausreichend trinken!

Nun ist es an der Zeit, wenn Sie bis jetzt noch kein Anhänger der gesunden Vollwertkost sind, wirklich umzuschalten. Es fällt nie so leicht wie nach dem Fasten!

In der Woche nach den Aufbautagen können Sie Ihre Nahrung wieder langsam an Ihren Energiebedarf anpassen.

0kg
0lb

Abnehmen: die besten und schnellsten Schlankheitskuren

Fast jeder, der nach dem Winter Übergewicht aufgebaut hat, will in der schönen Jahreszeit schlank werden. Doch gerade im Frühling hat kaum jemand wirklich ausreichend Zeit, sich mehrere Wochen in ein Kurzentrum oder auf eine Schönheitsfarm zurückzuziehen und für viel Geld abzuspecken. Oft ist das auch gar nicht notwendig.

Wenn man konsequent und diszipliniert genug ist, dann kann man auch mit kleinen Fastenkuren überschüssige Kilos erfolgreich abbauen.

Bevor Sie sich vom Abspeckfrust überrollen lassen, sollten Sie kühlen und klaren Kopf bewahren und einfach einen Schalttag einlegen. Der Sinn liegt auf der Hand. Sie geben dem Körper ein Alarmzeichen: »Mach wieder etwas. Bau weiter Fett ab.«

Doch auch für so einen Schalttag gibt es spezielle Regeln. Die Devise muss heißen: kein Fett, kein Eiweiß.

Schalttage

Gemüsebrühe- und Weißbrottag

Löffeln Sie über den Tag verteilt 1 1/2 Liter klare Gemüsebrühe und essen Sie dazu am ganzen Tag nur zwei Scheiben trockenes, altbackenes Weißbrot.

Sauerkrauttag

Ein besonders effektiver Entlastungstag ist der Sauerkrauttag. 100 Gramm Sauerkraut haben nur 17 Kalorien, reichlich Ballaststoffe, sind eine wahre Vitaminbombe und entschlacken den Körper wirkungsvoll.

Man beginnt den Tag mit 1/4 Liter Sauerkrautsaft aus dem Reformhaus. Dann genießt man ein sparsames Frühstück mit Tee und Vollkornbrot oder einem frisch zubereiteten Müsli. Das Mittagessen und Abendessen ersetzt man durch je eine Portion frisches Sauerkraut.

Zu Mittag genießt man es gedünstet mit klein geschnittenen Karotten und einer Zwiebel (20 Minuten mit 1/8 Liter Weißwein dünsten), gewürzt mit Lorbeerblatt und Wacholderbeeren (die man vor dem Essen entfernt).

Am Abend bereitet man sich einen Sauerkrautsalat mit Äpfeln und ein paar gehackten Nüssen zu. Abschmecken mit Apfelessig und frischem Schnittlauch.

»Die fleißigen Sauerkrautesser werden am ältesten«, wusste schon Pfarrer Sebastian Kneipp!

Trinktag

Oder Sie konfrontieren Ihren Organismus an einem Schalttag nur mit Flüssigkeiten. Trinken Sie morgens 1/4 Liter Rote-Bete-Saft, vormittags 1/4 Liter Sauerkrautsaft, mittags 1/8 Liter Karottensaft mit 1/8 Liter frisch gepresstem Orangensaft gemischt, nachmittags 1/4 Liter naturtrüben Apfelsaft und abends 1/4 Liter roten Traubensaft.

Auch an diesem Tag ist es wichtig, dass Sie zwischendurch immer wieder Wasser trinken: über den Tag verteilt 1 bis 1 1/2 Liter. Bei großem Hunger ist ein Stück Zwieback erlaubt.

Reistag

Sehr bewährt hat sich auch ein Schalttag mit Reis. Sie bereiten für diesen Tag bereits am Vorabend gedünsteten Naturreis vor.

Es muss so viel sein, dass Sie von 8 Uhr morgens an zu jeder vollen Stunde 2 Esslöffel Reis zu sich nehmen und intensiv kauen können. Ideal dazu: über den Tag verteilt 2 – 3 Liter lauwarmer ungesüßter Pfefferminztee oder Früchtetee.

Man kann den Reis auch auf 2 Portionen aufteilen. Den Tag beginnt man mit einem »normalen« Frühstück – 1 Tasse Kräutertee, 2 Scheiben Knäckebrot mit Magertopfen (-quark). Den ohne Salz gedünsteten Naturreis teilt man in 2 Portionen.

Eine Portion genießt man zu Mittag mit gedünstetem Gemüse: Karotten, Mais, ein paar Erbsen. Darüber streut man frische Kräuter. Am Abend mischt man den Reis mit frischem, klein geschnittenem Obst, würzt mit ein paar Tropfen Zitronensaft und 1 TL Honig.

Die Reismenge bleibt Ihrem Hunger oder Appetit überlassen – so lange sie ihn ohne Salz und vor allem ohne Fett genießen. Naturreis enthält sehr viel Kali-

um und wenig Natrium, er fördert daher die Entwässerung und entlastet den Organismus.
Außerdem enthält er das Anti-Stress-Mineral Magnesium und auch Eisen, das im Zug einer Diät, wenn man sehr wenig Fleisch isst, meist zu knapp aufgenommen wird.

Ein Reistag ist eine ideale Möglichkeit, um das Abnehmen wieder richtig anzukurbeln.

Wassertag

Gehören Sie auch zu jenen Menschen, die vor dem Sommer ganz schnell fit werden wollen? Dann probieren Sie die einfachste Entschlackungskur – den Wassertag. Trinken Sie ab 8 Uhr morgens zu jeder vollen Stunde 1/4 Liter kaltes Wasser mit ein paar Tropfen frisch gepresstem Zitronensaft, am besten in kleinen, langsamen Schlucken.

Eine Entschlackungskur mit Wasser kann auch kurmäßig – etwa 14 Tage bis 3 Wochen – durchgeführt werden. Es lassen sich damit Verstopfung, Kopfschmerzen, Migräne und Müdigkeit besiegen.

Allerdings: Die Entschlackungskur mit Wasser hat nur dann Sinn, wenn man parallel dazu den Organismus nicht zu sehr belastet. Das bedeutet: weniger essen, keine tierischen Fette, wenig Fleisch, reichlich Obst und Gemüse, Vollkornprodukte und fettarme Milchprodukte. Ideal dazu: täglich morgens Wassertreten und 1 Stunde spazieren gehen oder Rad fahren.

Kartoffeltag

Essen Sie im Laufe eines Tages ausschließlich 1 bis 1 1/2 Kilo Pellkartoffeln (gedämpfte Erdäpfel), trinken Sie wieder über den Tag verteilt 2 bis 3 Liter Wasser oder Kräuter- oder Früchtetee.

Auch Kartoffeln sind besonders kaliumreich, ein Kartoffeltag entlastet und entwässert. Man kann die Kartoffeln zu Mittag mit 1 EL mageren Kräutertopfen (-quark) genießen oder man kann einen Salat (Marinade mit Magerjogurt, ein paar Spritzern Zitrone und frischen Kräutern sowie einer Messerspitze Senf) zubereiten.

Auch als Püree (mit Magermilch zubereitet) kann man Kartoffeln wunderbar fettlos genießen.

Der Kartoffeltag fällt wirklich leicht und bringt als Schalttag hohen Nutzen.

Die besten kleinen Vitalprogramme fürs Wochenende

Man kann mit der Ernährung eine Menge für die eigene Gesundheit tun und einer Reihe von Krankheiten vorbeugen. Viele Alltagsbeschwerden und Befindlichkeitsstörungen lassen sich damit erfolgreich bekämpfen. Man kann auf wunderbare Weise die ärztliche Behandlung unterstützen und gleichzeitig auch etwas für die Figur und für das Wohlbefinden tun.

Der Einstieg von der herkömmlichen Ernährung in eine gesündere Lebensweise benötigt anfangs Zeit. Daher ist es am besten, man startet vorerst an den Wochenenden. Wichtig ist, dass Sie während dieser Zeit viel Bewegung machen und täglich ca. 2 Liter Mineralwasser trinken.

Die Rezepte sind jeweils für 1 Person berechnet.

Kartoffel-Wochenende

Kartoffeln eignen sich hervorragend für ein kulinarisches Gesundheits-Wochenende.
Sie enthalten keinen Zucker, kaum Salz, 80 Prozent Wasser, hochwertiges Eiweiß, viel Vitamin C sowie reichlich von den Mineralstoffen Magnesium, Kalzium und Kalium für Herz, Nerven, Stoffwechsel und Verdauung. Kartoffeln machen satt, entschlacken und sind kalorienarm.

1. Tag – Freitag

Zu Mittag:
letzte normale Mahlzeit.

Am Nachmittag:
1/2 l Mineralwasser.

Am Abend:
3 mittelgroße neue Kartoffeln im Topf mit etwas Salzwasser dämpfen. Nach Wunsch Schale belassen oder entfernen.

Auf einem Salatblatt anrichten und der Länge nach einschneiden.

Den Spalt füllen mit einer Mischung aus 10 g Zwiebel, etwas grünem Pfeffer, etwas Honig, 1/16 l abgeronnenes Jogurt 1 %, 1 Essiggurke, frischem Dillkraut (2 – 3 Esslöffel), 12 g Magertopfen (Magerquark). Mit etwas Kaviar garnieren (345 kcal).

2. Tag – Samstag

Am Morgen:
2 mittelgroße, geschälte, warme Kartoffeln, 10 g Butter, 2 Tassen Kräutertee, 2 TL Honig zum Süßen, 1 Apfel (320 kcal).

Zu Mittag:
100 g Putenbrust gebraten. Dazu Kartoffelsalat: 250 g neue Kartoffeln dämpfen, schälen, in Scheiben schneiden, mit 1/16 l Gemüsebrühe in einer Schüssel übergießen. 1 EL Distelöl, 1 EL Apfelessig, etwas Salz und Pfeffer, Honig, Senf vermischen. Alles mit 1/2 klein gehackten Zwiebel und gehackter Petersilie verrühren. Mit 1/4 Ei, 1/4 Tomate und Kürbiskernen garnieren (430 kcal).

Am Abend:
250 g Kartoffeln halbieren und mit der Schale im Backrohr backen: Schnittfläche nach oben, mit Kümmel bestreuen, mit etwas Butter bestreichen. Dazu 50 g Matjeshering in Zwiebel und Paprika eingelegt.
Zum Eintauchen der Kartoffeln zur Auswahl: 3 EL Magertopfen (-quark) 20 %, mit etwas Jogurt 1 %, und 1 EL Weizenkeimen abgerührt oder 3 EL Topfen 20 % mit 1 EL frischen, klein gehackten Kräutern oder 3 EL Topfen 20 %, mit 1 EL Mungobohnen und 1 EL gehackten Paprikaschoten. 1/2 l Mineralwasser (305 kcal).

3. Tag – Sonntag

Am Morgen:
2 mittelgroße, geschälte, warme Kartoffeln, 30 g Topfen (Quark) 20 %, mit Kräutern, 1 Tasse Kräutertee, 1/4 l Mineralwasser, 1 grüner Paprika (210 kcal).

Zu Mittag:
250 g Kartoffeln ohne Schale in Scheiben schneiden. 10 g Schinken, 1/2 Zwiebel fein hacken, 20 g Lauch in Ringe schneiden, mit 10 g Öl 5 Minuten dünsten, 7 g Vollkornweizenmehl darüber streuen. Mit 1/8 l heißer Gemüsebrühe aufgießen, 2 EL Jogurt 1 %, einrühren, mit Salz, Pfeffer, Kresse, Thymian, Dill und Estragon würzen.

Dann die Kartoffelscheiben dazugeben, 7 Minuten heiß werden lassen, mit Kräutern bestreut servieren (315 kcal).

Am Abend:
1 große Kartoffel in etwas Wasser dämpfen, Deckel abschneiden, aushöhlen. Kartoffelmasse mit 30 g gehacktem Schinken, 1/4 gehackten Zwiebel, Kräutern und 1/4 aufgeweichten Vollkornbrötchen vermischen, damit die Kartoffel füllen, 10 g Bierkäse darauf streuen und in der Folie im Ofenrohr überbacken (430 kcal).

Jogurt-Quark-Wochenende

Jogurt und Quark (Topfen) sind leicht verdaulich, liefern hochwertiges Eiweiß, haben kaum Fett (fettarme Produkte kaufen), fördern die Verdauung, verbessern die Vitalität und sind reich an Kalzium – dem Mineralstoff für Knochen, Haut und Nerven.

Machen Sie ein Jogurt-Topfen-Wochenende und verbessern Sie damit Ihren gesamten Stoffwechsel!

1. Tag – Freitag

Zu Mittag:
letzte normale Mahlzeit.

Am Nachmittag:
1 Becher Magerjogurt (106 kcal).

Am Abend:
150 g frische Erdbeeren mit 20 g Honig pürieren. Mit 200 g Jogurt 1 %, verrühren. Nun den Saft 1/2 Zitrone und 1/2 Orange erhitzen, darin 3 Blatt Gelatine (vorher aufgeweicht) auflösen. Die warme Flüssigkeit in die Jogurtmasse rühren. In eine Puddingform füllen, im Kühlschrank 2 Stunden fest werden lassen. Aus der Form stürzen, mit einigen Erdbeeren garniert servieren (219 kcal).

2. Tag – Samstag

Am Morgen:
2 Tassen Früchtetee mit 2 TL Honig. Müsli aus 1 EL Vollkornhaferflocken, 1/8 l Jogurt, 50 g Birne in Stücken, 60 g Banane in Rädern, 1 EL Rosinen, 1 EL gehackten Walnüssen und 1 TL Cornflakes (383 kcal).

Am Vormittag:
1 Apfel (75 kcal).

Zu Mittag:
200 g Magertopfen (-quark), verrührt mit 2 TL Honig und 250 g frischen, zerdrückten Erdbeeren (280 kcal).

Am Nachmittag:
1 Becher Magerjogurt (106 kcal).

Am Abend:
150 g entkernte Honigmelone in Stücke schneiden, mit etwas Zitronensaft würzen und mit 100 g frischen Erdbeeren und 60 g Birne in Stücken verrühren.

Alles in 1/2 Melonenschale füllen. Mit 50 g Magerjogurt garnieren.
Mit 1 Schnitte Vollkorntoast und 30 g Magertopfen (-quark) servieren (200 kcal).

3. Tag – Sonntag

Am Morgen:
2 Tassen Früchtetee mit 2 TL Honig. 2 Scheiben Vollkorn-Knäcke mit 50 g magerem Kräutertopfen (106 kcal).

Am Vormittag:
1 Becher Magerjogurt (60 kcal).

Zu Mittag:
100 g Magerjogurt und 100 g Magertopfen (Magerquark) mit 2 EL Honig, Saft von 1 Orange und 1/2 Zitrone verrühren. 100 g Heidelbeeren darunter rühren. In eine Dessertschale füllen, weitere 100 g Heidelbeeren darauf verteilen und servieren (293 kcal).

Am Nachmittag:
1 Kiwi (40 kcal).

Am Abend:
200 g Magerjogurt und 100 g Magertopfen (-quark) mit 100 g frisch gepresstem Orangensaft und 50 g Sanddornsaft (Reformladen) glatt rühren. 200 g Weintrauben waschen, halbieren, entkernen, ins Jogurt rühren.

10 g gehackte Walnüsse dazumischen (443 kcal).

Brokkoli-Reis-Wochenende

Brokkoli haben ganz wenig Kalorien und sind reich an lebenswichtigen Substanzen. Sie liefern uns sehr viel Vitamin C, alle Vitamine der Gruppe B, besonders reichlich Kalium, weiters Kalzium und Phosphor.

Mit Brokkoli können Sie Herz, Muskeln und Nerven stärken, die Verdauung in Schwung bringen und ideal entschlacken.

In den USA sagt man »A rice day is a nice day!«. Das heißt so viel wie: Ein Reis-Tag ist ein netter, ein positiver Tag. Der Naturreis mit dem Silberhäutchen liefert 8 lebenswichtige Aminosäuren, eine beachtliche Menge an B-Vitaminen für die Nerven, für die Haut und gegen Stress.

Reis versorgt uns mit Vitamin E. Reis ist hilfreich beim Abnehmen. Eine halbe Tasse gedünsteter Reis hat nur 82 kcal. Er ist kaliumreich und fördert die Ausschwemmung von Wasser und Stoffwechsel-Schlacken über die Nieren.

Er verfügt über sehr wenig Natrium und hält daher kaum Wasser im Gewebe zurück. Gleichzeitig ist er eine Heilnahrung für Magen und Darm, stärkt Haare, Zähne, Nägel und Knochen.

1. Tag – Freitag

Zu Mittag:
letzte normale Mahlzeit.

Am Nachmittag:
50 g Karotten (11 kcal).

Am Abend:
200 g Brokkoli in kochendes Wasser geben, pfeffern, salzen, 10 Minuten kochen. Brokkoli abtropfen, warm stellen. 5 g Öl erhitzen, 5 g Mehl einrühren.
Mit 1/16 l Brokkoli-Wasser und 1/16 l Gemüsebrühe (Reformladen) ablöschen. Mit Muskat, Salz, Pfeffer würzen. 7 Minuten kochen.

Die Soße vor dem Servieren über die Brokkoli gießen. Dazu 150 g gedünsteten Vollreis reichen (257 kcal).

2. Tag – Samstag

Am Morgen:
2 Tassen Kräutertee mit 2 TL Honig. Müsli: 1/8 l Magermilch, 15 g Vollkornhaferflocken, 10 g Rosinen, 50 g Banane in Rädern, 45 g Birne, 40 g Erdbeeren in kleinen Stücken, 10 g Walnüsse (320 kcal).

Am Vormittag:
50 g Karotten (11 kcal).

Zu Mittag:
200 g Brokkoli waschen, putzen, 10 Minuten in mit Salz und Muskat gewürztem Wasser kochen und in kleine Stücke schneiden. 8 g Mandelblätter in 5 g heißer Butter goldgelb anrösten. 150 g Vollreis dünsten, mit dem Brokkoli vermischen und zum Schluss die gerösteten Mandeln darüber streuen (309 kcal).

Am Nachmittag:
50 g Karotten (11 kcal).

Am Abend:
200 g Brokkoli zerkleinern, in kochendes Salzwasser geben, 10 Minuten kochen. Herausnehmen, abtropfen lassen. 10 g Butter erhitzen, Brokkoli dazugeben, mit Salz und Muskat würzen.

2 Eier verquirlen, mit 1 EL gehackter Petersilie und 1 TL geriebenem Bierkäse mischen, über den Brokkoli gießen. Wie ein Omelett servieren. Mit 1/4 gehackter roter Paprikaschote garniert servieren (354 kcal).

3. Tag – Sonntag

Am Morgen:
2 Scheiben Vollkorntoast, 30 g Schinken, 15 g Edeltilsiter 35 % F.i.T., 100 g Tomaten. 2 Tassen Kräutertee mit 2 TL Honig (245 kcal).

Am Vormittag:
50 g Karotten (11 kcal).

Zu Mittag:
150 g Reis in mit Salz und Muskat gewürztem Wasser dünsten. 10 g Öl erhitzen, 1/2 gehackte Zwiebel leicht rösten, 25 g gekochten Schinken, würfelig geschnitten, kurz darin braten. Reis mit der Schinkenmasse vermischt servieren (294 kcal).

Am Nachmittag:
50 g Karotten (11 kcal).

Am Abend:
150 g Brokkoli zerkleinern, 10 Minuten in 1 Tasse Gemüsesuppe weich kochen. Auf eine Vollkorn-Toastscheibe geben. 8 g Öl erhitzen, 8 g Mehl dazugeben, mit 1/2 Tasse Magermilch aufgießen. Mit Pfeffer, Salz, Muskat würzen, 1 gehacktes Ei darunter rühren. Die Soße über die Brokkoli gießen. Toast im vorgeheizten Backofen 15 Minuten backen (356 kcal).

Apfel-Bananen-Wochenende

Reife Äpfel schmecken nicht nur sehr gut, sondern sind auch reich an Vitaminen, Mineralstoffen, Spurenelementen und Enzymen. Sie liefern dem Organismus alle lebensnotwendigen Vitalstoffe und haben einen hohen Anteil an Pektin, das den Magen und den Darm entgiftet und die Verdauung reguliert. Äpfel helfen, den Cholesterinspiegel zu senken, bekämpfen Migräne und heben das allgemeine Wohlbefinden.

Bananen sind reich an Vitaminen, Mineralstoffen sowie den Hormonstoffen Serotonin und Norepinephrin. Sie stärken nicht nur das Herz, sondern bekämpfen auch Stress und Nervosität und fördern positives Denken.

Und es ist erwiesen, dass der Genuss von Bananen fröhlich macht! Tanken Sie für Ihre Lebensqualität diese Vitalstoffe und widmen Sie dem Apfel und der Banane ein Wochenende. Die Rezepte sind jeweils für eine Person berechnet.

1. Tag – Freitag

Zu Mittag:
letzte normale Mahlzeit.

Am Nachmittag:
1/2 Banane (48 kcal).

Am Abend:
1/4 Zwiebel klein hacken, 1 Apfel, 50 g Schinkenwurst und 1/2 Essiggurke in Würfel schneiden. Salatsoße aus 1 TL Essig, 1 TL Olivenöl, etwas Salz, Pfeffer und Honig darüber gießen. Gut umrühren. 20 Minuten stehen lassen. Dazu 1 Vollkorntoast mit ganz wenig Butter (313 kcal).

2. Tag – Samstag

Am Morgen:
2 Tassen Apfelschalentee mit etwas Honig gesüßt. 1 EL Vollkornhaferflocken mit 1/8 l Buttermilch, 1 EL Rosinen, 1 EL gehackten Walnüssen, 5 g Cornflakes und 1 in kleine Stücke geschnittenen Apfel mischen (310 kcal).

Am Vormittag: 1/2 Banane (48 kcal).

Zu Mittag:
1/4 klein gehackte Zwiebel, 1/2 klein geschnittener Apfel mit 1 TL Olivenöl schmoren. 1 EL Rosinen, 1 TL geschälte Mandeln, 1 TL gehackte Champignons sowie 3 Oliven dazugeben. Erhitzen. Mit etwas Salz, Honig und Curry würzen. Mit 60 g gedünstetem Naturreis verrühren (329 kcal).

Am Nachmittag:
1 mittelgroßer Apfel (81 kcal).

Am Abend:
1 Tomate schälen, in Scheiben schneiden, 1 Banane in Räder schneiden, mit Zitronensaft beträufeln. Alles auf einem Teller anrichten. Marinade aus dem Saft einer 1/4 Zitrone, 1 TL Olivenöl, etwas Curry, Pfeffer, Salz, gehacktem Schnittlauch und Kresse darüber gießen. Dazu 1 Scheibe Vollkornbrot (345 kcal).

3. Tag – Sonntag

Am Morgen:
2 Tassen Malventee mit 2 TL Honig. 1 Scheibe Vollkornbrot mit 60 g Magertopfen (-quark), 3 EL Magerjogurt, 10 g gehackter Zwiebel, Kümmel, Salz, Paprikapulver und Schnittlauch. Danach 1 Banane, 1/2 TL Honig, Saft von 1/2 Orange mixen, in ein Glas gießen und mit Mineralwasser auffüllen (380 kcal).

Am Vormittag:
1 mittelgroßer Apfel (81 kcal).

Zu Mittag:
1 Banane mit Zitronensaft beträufeln, in 10 g Butter goldgelb braten. Mit einer Scheibe magerem Schinken umwickeln, 1 EL geriebenen Käse darüber streuen, 5 Minuten im vorgeheizten Backofen grillen.

Dazu 1 Vollkorntoast (326 kcal).

Am Nachmittag:
1/2 Banane (48 kcal).

Am Abend:

Auf einem Holzteller 2 Äpfel in Schnitten, 1 grünen Paprika in Streifen, 2 geviertelte Tomaten, 30 g Bierkäse, 1 Schnitte Vollkornbrot mit 1 TL Halbfettmargarine anrichten (410 kcal).

Melonen-Wochenende

Melonen sind die idealen Früchte zum Schlankwerden. Sie haben wenig Kalorien (100 g Wassermelone haben nur 23 Kalorien und 100 g Zuckermelone nur 30 Kalorien), sind sehr saftig und reich an allen wertvollen Substanzen, die der menschliche Organismus braucht um gesund zu bleiben.

Machen Sie ein Melonen-Wochenende und Sie werden am Montag ideal entschlackt sein und weniger wiegen!

1. Tag – Freitag

Zu Mittag:
letzte normale Mahlzeit.

Am Nachmittag:
1 Stück Honigmelone mit 150 g (28 kcal).

Am Abend:
Wassermelone (so viel Sie essen wollen).

2. Tag – Samstag

Am Morgen:
2 Tassen Früchtetee mit 2 TL Honig, 1 EL Getreideflocken, 1/8 Liter Jogurt 1 %, 125 g entkernte Zuckermelone in Stücken (143 kcal).

Ab Vormittag essen Sie ca. 1 1/2 bis 2 kg Melonen (egal ob Wasser-, Zucker- oder Honigmelone) über den Tag verteilt und sonst nichts.

Jedoch müssen Sie unbedingt viel dazu trinken: 2 bis 3 Liter Mineralwasser.

Bewegen Sie sich viel, z. B. gehen Sie schwimmen, Rad fahren oder einfach nur spazieren (270 – 360 kcal).

3. Tag – Sonntag

Am Morgen:
2 Tassen Früchtetee mit 2 TL Honig, 2 Scheiben Vollkorn-knäcke mit 2 EL fettarmem Topfen (Quark) mit Schnittlauch, 1 Stück Wassermelone mit 125 g (175 kcal).

Ab Vormittag sollten Sie, wie am Samstag, nur mehr Melonen essen, viel Mineralwasser trinken und Bewegung machen (270 – 360 kcal).

Die Immunkraft aufbauen

Wir können nur gesund durchs Leben gehen, wenn uns unser Immunsystem rund um die Uhr vor den vielen Krankheitserregern, die in den Organismus gelangen, schützt.

Im Frühling ist die beste Zeit unsere Abwehrkräfte mit folgenden Maßnahmen zu stärken:

- Gesunde Ernährung: leichte Kost, reichlich Obst und Gemüse, 5 kleine Mahlzeiten, Fett, zu viel Fleisch und Konservierungsstoffe meiden.
- Die Darmflora muss gesund sein! Sie stützt entscheidend unser Immunsystem und baut es zu 70 Prozent auf. Hilfen: probiotische Jogurts mit lebenden Bakterien. Damit führt man positive, gesundheitsfördernde Bakterien zu. Das sind in erster Linie Milchsäurebakterien. Auch Brotsäurebakterien können intensiv die Immunkraft im Darm aufbauen. Das hat Prof. Dr. Grossarth-Maticek in Heidelberg nachgewiesen. Brotsäurebakterien führt man mit dem Brottrunk zu.
- Die Zufuhr von reichlich Ballaststoffen fördert die Entwicklung der positiven Bakterien und die Stärkung der Darmflora. In der Ernährung bedeutet das Vollkorn, Leinsamen, Gemüse und Obst.

Man kann aber auch positive Bakterien – Biocult-Kulturen – aus der Apotheke zuführen: Lactobazillus Acidophilus, Bakterium Bifidum Longum. Es gibt auch Präparate – 3 Schichtkapseln – die Vitamine, Mineralstoffe und positive Bakterien liefern.

- Flüssigkeit zuführen, damit Giftstoffe abtransportiert werden können. 2 Liter Wasser pro Tag. Ideal in diesen Wochen: Hagebuttentee. Er liefert große Mengen an Vitamin C. 8 Hagebutten haben mehr Vitamin C als 5 Orangen.

- Auf die Versorgung mit Vitaminen achten: An sich sind alle Vitamine im Verbund wichtig, besonders aber Vitamin A, Betakarotin, Vitamin E und Vitamin C.

  Vitamin C schützt die Zellflüssigkeit jeder Körperzelle, Vitamin A und Betakarotin die Zellstruktur, Vitamin E die Zellwand.

  Anregung – »Immunsalat« essen: Paprikaschoten, Petersilie, Tomaten, geraffelte Karotten, Weizenkeimöl.

- Eine zentrale Rolle spielt das Vitamin C: Unsere Abwehrzellen – vor allem die Granulozyten – brauchen große Mengen an Vitamin C als Sprit, um arbeiten zu können.

  Daher jeden Tag mindestens 100 bis 200 Milligramm Vitamin C. Reichlich Vitamin C tanken kann man über die Nahrung mit Sauerkraut, Kiwis, Grapefruits, Orangen, Paprikaschoten, Kohlgemüse, Pellkartoffeln. Raucher brauchen 3-mal so viel Vitamin C.

- Vitamin B_6 ist ebenfalls wichtig für die Immunkraft: 2 Bananen am Tag, Sojaprodukte, 200 Gramm Weizenkeime.

- Direkte Infektionsgefahren vermeiden. Das heißt: Erkälteten aus dem Weg gehen. Hände waschen, weil sich daran – vor allem in Erkältungszeiten – sehr viele Krankheitserreger befinden. Mundhygiene betreiben: Gurgeln mit Propolis oder Teebaumöl. 15 Tropfen in ein Glas lauwarmes Wasser geben. Die beste Anwendung: morgens vor dem Weggehen und abends nach dem Nachhausekommen.

Diese Mineralstoffe und Spurenelemente brauchen wir für unsere natürlichen Abwehrkräfte:

- Zink ist sehr wichtig für die Immunkraft. Unsere Immunzellen brauchen Zink. Das erklärt auch, warum unsere Großmütter bei Erkältungen Hühnersuppe mit Fleischstücken empfohlen haben. Da sind große Mengen an Zink drinnen. Das hat man an der Myo-Klinik herausgefunden. Zink ist auch in Milchprodukten und Vollkornprodukten enthalten.

- Ohne Selen gibt es keine Immunkraft. Das sagt Prof. Dr. Schrauzer, Uni San Diego, Kalifornien. Selen ist enthalten im Knoblauch und im Meeresfisch.

Und das sind die Naturstoffe, die unsere Immunkraft aufbauen und stark machen, weil sie antiviral und antibakteriell sowie pilzabwehrend wirken:

- Knoblauch: Man muss reichlich davon essen, etwa 4 Zehen am Tag.
- Saft der Aloe vera: Der Hauptwirkstoff Acemannan stärkt die Immunkraft. Trinken Sie 3 Wochen 1/8 Liter am Tag.
- 5 Tassen grüner Tee pro Tag. Er liefert viel Vitamin C und schützende Polyphenole.
- Schwarzkümmelöl: Studien des Immunologen Dr. Peter Schleicher in München haben ergeben, dass die Wirkstoffe im Schwarzkümmel vor allem die Immunkraft der Atemwege aufbauen.

Auch die seelische Verfassung und Ausgeglichenheit können die Immunkraft stärken und beeinflussen.

- Stressbelastung schwächt die Immunkraft, wie Streit, Ärger, Kränkungen, zu viel Arbeit, zu wenig Erholphasen.
- Ausreichend schlafen, ungestört schlafen.
- Lachen, fröhlich sein. Am Europäischen Zentrum für Immuntherapie in Obertal/Baiersbronn im Schwarzwald hat man eine Studie durchgeführt: Menschen, die lustige Filme zu sehen bekamen, hatten hohe Werte an Abwehrzellen. Wenn sie dann tragische Filme anschauten, sank die Zahl der Abwehrzellen.
- Sex in einer harmonischen Partnerschaft stärkt die Immunkraft, weil dadurch Endorphine – Glückshormone – gebildet werden.

Wie sehr kann man mit Sport die Immunkraft stärken?

Da gibt es eine Untersuchung von skandinavischen Wissenschaftlern: Etwas Sport, der mit Freude durchgeführt wird, stärkt das Immunsystem. Wenn man sich dabei aber übernimmt und erschöpft ist, was bei vielen Sportlern der Fall ist, wird das Immunsystem geschwächt.

Die natürlichen Abwehrkräfte dulden keine Übertreibung, keine Überforderung des Organismus.

Der Frühjahrsmüdigkeit entkommen

Naturrezepte gegen die Frühjahrsmüdigkeit

Speziell in den ersten Frühlingswochen haben viele Menschen das gleiche Problem: Sie fühlen sich müde und schlapp, würden sich am liebsten tagsüber hinlegen. Ihr Schlafbedürfnis ist enorm. Leistungsfähigkeit und Konzentration sind herabgesetzt.

Das typische äußere Anzeichen: Sie schleppen sich gähnend durch den Tag und fühlen sich wie gerädert.

Dazu gibt es nur einen Kommentar: Sie ist eben wieder da – die Frühjahrsmüdigkeit. Man sollte sie jedoch – was viele tun – nicht einfach hinnehmen. Man sollte rasch etwas dagegen tun.

Was ist eigentlich die Ursache für das Phänomen der Frühjahrsmüdigkeit? Internationale Wissenschaftler sind verschiedener Meinung.

- Die einen sagen: Dahinter steckt nach den langen Wintermonaten ein erhebliches Vitamindefizit, vor allem an Vitamin C und E.
- Verhaltensforscher glauben: Unser Urinstinkt hat immer noch ein Restbewusstsein für einen notwendigen Winterschlaf, den wir nicht durchführen.
- Andere wieder meinen: Es fehlt uns nach vielen trüben Wintertagen das entsprechende Sonnenlicht. Überdies belastet das trostlose Grau der Natur die Seele.
- Hormonexperten sind wieder der Ansicht: Das Auge des Menschen tankt nach dem Winter plötzlich wieder mehr Licht und Sonne. Der Körper stellt sich auf die schöne Jahreszeit um und beginnt viel zu viele Hormone zu produzieren. Dadurch aber wird der Organismus gestresst und macht schlapp.

Und so können Sie die Frühjahrsmüdigkeit besiegen und wieder rasch in den Griff bekommen:

- Überwinden Sie die Müdigkeit mit Vitamin C und bekämpfen Sie damit nachweislich den Frühjahrsstress des Körpers. Reichlich Vitamin C macht munter. Essen Sie regelmäßig Zitrusfrüchte, Sauerkraut, Paprikaschoten, Kiwis. Trinken Sie Hagebuttentee und Sanddornsaft. Nehmen Sie täglich zusätzlich Vitamin-C-Präparate aus der Apotheke.

- Der amerikanische Wissenschaftler Prof. Dr. Jeffrey Bland hat nachgewiesen, dass frühjahrsmüde Menschen einen erheblichen Mangel an Vitamin E aufweisen. Das bedeutet: Essen Sie im Frühling verstärkt Weizenkleie, Weizenkeime, Weizenkeimöl, Milch und Milchprodukte, Nüsse, Vollkorn, Eier. Nehmen Sie einige Zeit täglich 1 Kapsel (200 Milligramm) pflanzliches Vitamin E aus der Apotheke mit etwas Flüssigkeit.

- Wer frühjahrsmüde ist, hat meist zu wenig Eisen. Essen Sie daher Sojaprodukte, Sonnenblumenkerne, Rote Rüben und Hühnerfleisch. Ein ideales Frühjahrsessen gegen die Müdigkeit: ein Stück Vollkornbrot mit etwas Butter und dick mit frisch gehacktem Schnittlauch belegt. Der Schnittlauch liefert zusätzlich viel Vitamin C.

- Sorgen Sie für ausreichend Schlaf, vor allem für den Vormitternachtsschlaf, dabei regeneriert sich der Körper schneller.

- Gehen Sie viel spazieren. Machen Sie regelmäßig Gymnastik.

- Machen Sie eine Kräuterteekur: Trinken Sie eine Woche lang 3-mal täglich 1 Tasse Brennnesseltee, dann 1 Woche lang 3-mal täglich Löwenzahnwurzeltee aus der Apotheke oder Drogerie.

- Und hier mein Spezialcocktail gegen Frühjahrsmüdigkeit: 6 Esslöffel Fenchelsaft, 6 Esslöffel Sanddornsaft, 1 Esslöffel Zitronensaft und 1/4 Liter frisch gepressten Orangensaft verrühren. Langsam trinken.

- Es gibt auch eine chinesische Akupressurübung gegen die Frühjahrsmüdigkeit: Auf der Spitze des Mittelfingers beider Hände sitzt der Energiepunkt KS 9. Von hier aus gehen Energiebahnen, die den Kreislauf beleben, direkt zum Gehirn. Reiben Sie nun einfach mit dem Daumen der jeweiligen Hand die Kuppe des Mittelfingers so fest und intensiv, dass ein Wärmegefühl eintritt. Dann machen Sie eine Pause von 10 Sekunden und wiederholen die Übung.

- Ganz wichtig: Reduzieren Sie für einige Zeit den Genuss von Fleisch, Wurst, Alkohol und Nikotin.

Einfache Gymnastikübungen geben uns neue Lebenskraft

Jeder von uns erlebt das immer wieder: Speziell im Frühling gibt es – meistens auf Grund der Wetterlage – Tage, an denen wir total erschöpft sind. Und wir haben absolut nichts dabei, mit dem wir uns wieder spontan aufbauen können. Irrtum! Sie haben doch Ihren Körper. Und damit können Sie ganz einfache Übungen durchführen, mit denen Sie ganz schnell wieder Energie in sich aufbauen.

- Wo immer Sie sich aufhalten: Spannen Sie Ihre Muskel an, ohne dass es die anderen merken. Haken Sie die Finger beider Hände ineinander und versuchen Sie, sie auseinander zu ziehen. Pressen Sie die Knie zusammen. Ballen Sie die Hände zu Fäusten und drücken Sie diese dann von unten her gegen eine Tischplatte.

  Verschränken Sie die Hände hinter dem Kopf. Dann tun Sie so, als wollten Sie den Kopf nach vorne ziehen und drücken gleichzeitig gegen diesen Widerstand. Jede Übung gibt nur dann neue Kraft, wenn sie jeweils 5 bis 10 Sekunden durchgeführt und mehrmals wiederholt wird.

- Greifen Sie zu einer Naturborsten-Bürste und massieren Sie die Wirbelsäule auf und ab. Sie können sich auch die Wirbelsäule von Ihrem Partner mit den Händen fest reiben lassen.

- Sie tanken auch optimal Energie, wenn Sie sich am Morgen nach dem Aufstehen unter die Dusche stellen und einige Minuten lang das heiße Wasser auf die Wirbelsäule auftreffen lassen.

- Spannen Sie zuerst die Po-Backen, dann die Bauchmuskeln 10 Sekunden zusammen. Die Übung sollte jeweils 5-mal wiederholt werden.

- Machen Sie den Oberkörper frei. Stellen Sie sich locker und entspannt – mit leicht gegrätschten Beinen – hin.

Dann legen Sie beide Hände, mit den Handrücken zur Haut gerichtet, an den untersten Teil des Rückens, in der Höhe der Lenden. Jetzt reiben Sie die Handrücken hin und her, dann auf und ab. Ein wohliges Gefühl der Wärme zieht in den Rücken ein und gibt Ihnen schnell neue Energie.

- Halten Sie Ihre Hände wie zum Gebet gefaltet vor Ihrem Gesicht. Dann nehmen Sie zwischen die Handflächen einen Tennisball und rollen diesen nun zwischen den Handflächen hin und her. Damit werden Energiepunkte und Energielinien aktiviert.
- Oder verzahnen Sie die Finger beider Hände fest ineinander und reiben Sie nun in dieser Position die Handballen aneinander: zuerst langsam und leicht, dann schnell und fest, so lange, bis sie heiß werden. Von den Handballen führen Energiebahnen zur Leber und aktivieren diese. Und eine gut funktionierende Leber gibt dem ganzen Organismus Kraft.

Mit Naturrezepten gegen die Wetterfühligkeit

Wenn der Frühling den Winter ablöst, dann kommt es in unseren Regionen immer wieder zu extremen, total verrückten Wettersituationen. An einem Tag ist es sonnig und wohlig warm. Tags darauf werden wir mit Kälte, Schnee oder Hagel konfrontiert. Das ist die Zeit, in der besonders viele Menschen an Wetterfühligkeit leiden. Frauen häufiger als Männer. Das ist sicher in vielen Fällen auf die Doppelbelastung Beruf und Haushalt zurückzuführen.

Die typischen Symptome für die Wetterfühligkeit: Kopfdruck, innere Unruhe, Kreislaufstörungen, Konzentrationsschwäche, Gereiztheit, Übelkeit, allgemeines Unwohlsein. Das Beunruhigende: Die Zahl der Betroffenen steigt dramatisch an. Internationalen Untersuchungen zufolge waren im Jahr 1998 noch 35 Prozent der Bevölkerung wetterfühlig. Im Jahr 2000 waren es bereits 50 Prozent.

Der österreichische Medizinmeteorologe Dr. Alois Machalek weiß dazu: »Es ist interessant, dass die Bewohner von Städten, vor allem von größeren Städten, weit häufiger unter Wetterfühligkeit leiden als die Landbevölkerung. Die rasante Zunahme dieses gesundheitlichen Problems hängt vermutlich mit der Lebensweise in der Stadt zusammen. Hektik, Stress, zunehmende Umweltbelastungen und ungesunde Ernährung fördern die Neigung zur Wetterfühligkeit.«

Die Wissenschaft beschäftigt sich noch nicht allzu lang mit dem Problem, obwohl die Menschen seit jeher darunter leiden. Wenn man in historischen Niederschriften schmökert, so erfährt man, dass Richard Wagner, Wolfgang Amadeus Mozart, Wolfgang von Goethe, Martin Luther aber auch Christoph Kolumbus extrem wetterfühlig waren. Alles sensible Menschen. Auch heute betonen viele Ärzte, die mit wetterfühligen Patienten zu tun haben: Generell neigen vor allem empfindsame und kreative Frauen und Männer zu Wetterfühligkeitsbeschwerden.

In der modernen Medizin gilt die Wetterfühligkeit nicht als Krankheit. Sie ist aber ein Zeichen dafür, dass im Organismus etwas nicht stimmt.

Wirklich schwere Formen sind allerdings bereits einer Krankheit gleichzusetzen. Viele Ärzte ordnen die Wetterfühligkeit einer echten Befindlichkeitsstörung zu.

Prof. Dr. Dieter Vaitl vom Institut für klinische und physiologische Psychologie an der Universität Gießen hat gemessen: Wetterfühlige Menschen reagieren auf unsichtbare elektrische Ladungen besonders empfindlich. Und Wetterveränderungen bauen elektromagnetische Felder auf, in denen solche Entladungen häufig stattfinden.
Warum kommt es nun eigentlich zu der extremen Empfindlichkeit gegenüber dem Wetter? Bei den Betroffenen ist das vegetative Nervensystem aus dem Gleichgewicht geraten. Es hat dadurch gegenüber bioklimatischen Veränderungen eine stark herabgesetzte Reizschwelle.

Die meisten Menschen leiden in unseren Regionen unter Wetterfühligkeit bei Föhn, Hochdruck-Randlage und warmen Luftmassen in höheren Schichten. Wer die Wetterfühligkeit erfolgreich behandeln möchte, der muss das vegetative Nervensystem wieder in ein harmonisches Gleichgewicht bringen.
In den letzten Jahrzehnten griffen Wetterfühlige meist zu schmerzstillenden Medikamenten. An die Natur-Therapien erinnerte man sich erst wieder im Jahr 1988, als in Wien weltweit von Dr. Alois Machalek das erste Therapiezentrum

für Wetterfühlige gegründet wurde. Hier wurde in Studien und praktischen Behandlungsformen bewiesen: Naturkräfte sind die erfolgreichste Waffe gegen die Wetterfühligkeit.

- Man kann entscheidend den Organismus mit Vollwerternährung gegen Wetterfühligkeit stark machen. Mit Müsli, Haferkleie, Haferflocken, Weizenkeimen. Vielfach erprobt: Lassen Sie 1 Esslöffel goldgelben Leinsamen in 1/4 Liter Wasser über Nacht stehen. Am nächsten Morgen den aufgequollenen Leinsamen gut kauen, die Flüssigkeit nachtrinken.

- Weitere sinnvolle Maßnahmen in der Ernährung: Äpfel, Karotten, Karottensaft, 1/2 Salzhering, Produkte mit reichlich Magnesium: Naturreis, Soja, ein kleines Stück Schokolade.

- Bei den Heilkräutern gibt es eine reiche Auswahl gegen die Wetterfühligkeit: Weidenrindentee, Kamillentee, Brennnesseltee, Baldrianwurzeltee, Johanniskrauttee. Die meisten Erfolge aber wurden in den Therapiezentren mit der Melisse erzielt, weil ihre ätherischen Öle unmittelbar auf das vegetative Nervensystem wirken.

- Die klassische Therapie bei Wetterfühligkeit: 1 Tasse lauwarmen Kräutertee mit 2 Teelöffeln Melissengeist nach dem klassischen Klosterfrau-Rezept und 2 Teelöffeln Honig in kleinen Schlucken trinken.
  Dieser Melissengeist wird aus der wirkstoffreichen Melisse hergestellt, die ausschließlich im spanischen Ebro-Delta angebaut wird.

- Mit dieser Therapie wurden im Wiener Zentrum für Wetterfühligkeit im Rahmen einer Studie über 14.000 Patienten behandelt.

Fast 90 Prozent fühlten sich danach erheblich besser. Kopfdruck, Anspannung, Müdigkeit, Konzentrationsschwäche und Kreislaufstörungen verschwanden. Erholsamer Schlaf stellte sich wieder ein. Das vegetative Nervensystem konnte wieder stabilisiert werden.

Die Anfälligkeit für Umweltreize sank deutlich ab. Dr. Alois Machalek hat damit eindeutig bewiesen: Die Therapie mit Melissengeist nach dem Klosterfrau-Rezept hat die Behandlung der Wetterfühligkeit revolutioniert und damit zu einem Topthema für die Naturmedizin gemacht.

Fit durch den Frühling mit der Löwenzahnkur

Der Frühling ist die ideale Zeit für eine Kur zum Abnehmen, Entschlacken und Entgiften des Organismus.

Sie wollen wissen, wie Sie das machen? Ganz einfach: Gehen Sie in den Garten oder in die freie Natur und holen Sie sich möglichst zarte, saftige Löwenzahnblätter. Sie können das »Unkraut« Löwenzahn optimal für Ihre Gesundheit einsetzen.

Löwenzahn-Blätter und -Wurzeln enthalten die wertvollen Substanzen Cholin, Xantophyll, Asparagin, Phenolsäure, die Bitterstoffe Taraxizin und Taraxol, die Vitamine C, D, der B-Gruppe und mehr Vitamin A als die Karotte. Mit diesen Kräften ausgestattet, bringt der Löwenzahn den gesamten Stoffwechsel in Schwung, hilft vorhandene Fettdepots und Schlackenstoffe abzubauen, unterstützt die Arbeit von Leber, Nieren und Bauchspeicheldrüse und kurbelt die Verdauung an.
Man kann rheumatische Beschwerden lindern und Hautprobleme besser in den Griff bekommen.

Hier die verschiedenen Möglichkeiten, die Kraft des Löwenzahns zu nützen:

- Schneiden Sie frische, zarte Löwenzahnblätter ab und bereiten Sie daraus einen Salat. Essen Sie 4 Wochen lang jeden dritten Tag eine Portion, jeweils frisch zubereitet: 70 g Löwenzahnblätter in schmale Streifen schneiden. Marinade aus 1 EL Distelöl, 1 EL Apfelessig, etwas Zitronensaft, etwas Honig, Pfeffer, Salz, 2 zerdrückten Knoblauchzehen, 1 EL Jogurt. Man kann den Salat auch mit gekochten Kartoffeln mischen.

Vorsicht: Den Löwenzahn niemals an Autostraßen oder in Industriegebieten pflücken. Die Pflanzen sind dort schadstoffbelastet.

- Sollten Sie nicht genügend Löwenzahnblätter in freier Natur für einen Salat gefunden haben, dann hacken Sie 2 bis 3 Blätter ganz klein und streuen Sie diese auf eine Scheibe Vollkornbrot mit Butter.
- Wenn Sie keine Gelegenheit haben, an frischen Löwenzahn heranzukommen, dann besorgen Sie sich in der Apotheke Löwenzahnwurzeltee. Trinken Sie 3 Wochen lang täglich 3 Tassen.
- Oder holen Sie sich aus dem Reformladen Löwenzahn-Frischpflanzensaft und nehmen Sie 4 Wochen lang 3-mal täglich 2 Esslöffel davon mit etwas Wasser ein, am besten vor den Mahlzeiten.

„Morgenstund hat Gold im Mund“

Gerade im Frühling höre ich oft den Satz: „Wenn ich am Morgen nur aufstehen könnte und mehr Schwung hätte!“

Es gibt viele Ausreden, warum man am Morgen so wenig Energie hat und nur mit Unwillen aus dem Bett steigt.

Der Bio-Rhythmus ist schuld, man ist von Natur aus ein Abendmensch, man leidet an der Frühjahrsmüdigkeit, man hat einen niedrigen Blutdruck usw. Das alles kann schon so sein. Aber es ist nicht schwer, diese Hürden zu meistern.

Das Wichtigste ist, dass man genügend Zeit für die ersten Schritte in den Tag einplant.

- Stellen Sie im Frühling den Wecker 15 Minuten früher und füllen Sie diese Zeit für ein ganz persönliches Fitnessprogramm aus: Bleiben Sie im Bett liegen, heben und senken Sie die gestreckten Beine. Atmen Sie im Liegen tief durch. Dann stützen Sie die Hände in die Hüften, heben die Beine und machen in der Luft Radfahr-Bewegungen. Schließlich steigen Sie aus dem Bett und machen gleich neben dem Bett stehend die einfachste Gymnastikübung der Welt: Stellen Sie sich auf die Zehenspitzen und wippen Sie 20-mal auf und ab.

- Jetzt begeben Sie sich in die Küche und trinken vorerst ein Glas Wasser. Das ist wichtig für die Verdauung und für den Kreislauf.

  Dann schalten Sie das Radio ein und stellen das Wasser für den Kaffee oder Tee zu. Danach geht es ab auf die Toilette, auf der Sie sich etwas Zeit lassen sollten.

- Viele von uns haben am Körper bestimmte Schwachstellen, die Ihnen schon am Morgen zu schaffen machen.

  Auch da kann man oft mit einfachen Übungen etwas tun. Gegen Verspannungen im Nacken und in den Schultern stellen Sie sich aufrecht hin und heben und senken die Schultern. Gegen Schmerzen im Kreuz kneifen Sie mehrmals die Pobacken zusammen.

- Und dann sollten Sie jeden Morgen ein General-Service für die Wirbelsäule durchführen: Stellen Sie sich gerade hin. Die Arme hängen neben dem Körper herab. Die Handflächen weit nach vorne drehen, damit die Schultern gerade sind. Jetzt Kinn zur Brust, einatmen und auf die Zehenspitzen erheben. In dieser Position kurz anhalten, dann die Füße wieder auf den Boden stellen und dabei ausatmen.
  Die Übung muss 10-mal wiederholt werden. Danach geht es unter die Dusche.

- Wer morgens träge ist, braucht einen Wärmeschub von innen. Legen Sie 2 bis 3 dünne Scheiben von einer frischen Ingwer-Wurzel in eine Tasse, gießen Sie kochendes Wasser darüber, lassen Sie das Ganze 5 Minuten ziehen. Dann trinken Sie den Ingwertee in kleinen Schlucken. Das gibt Energie.

- Auch ein neues Frühstücksprogramm ist sehr wichtig. Das gibt Kraft und Schwung: Müsli mit kleinen Stücken von frischem Obst, Fruchtjogurt, Haferbrei oder Haferflocken-Suppe, Dinkelgrieß-Brei oder Vollkornbrot mit etwas Butter, Kräuterquark, Tomaten, Radieschen und Paprika.

  Wichtig zu wissen: Schinken am Morgen macht fit, Rührei hingegen macht müde. Das ist auf das Fett zurückzuführen, mit dem es zubereitet wird.

Bewegung – beste Medizin fürs Wohlfühlen

Trainingsprogramm für einen Frühling ohne Pannen

Im März ist Frühlingsanfang. Doch das ist bloß eine Kalenderweisheit. Die Natur präsentiert sich oft noch lange winterlich.
Damit wir nicht den Mut und die Geduld verlieren, sollten wir die kühle und noch triste Zeit damit verbringen, ein praktisches Frühlingstraining zu starten, damit wir dann, wenn die Natur richtig erwacht, gesund und fit sind.

Auch wenn draußen das Wetter noch nicht so übermäßig frühlingshaft ist: Gehen Sie jeden Tag ins Freie. Wenn Sie in der Stadt leben, dann machen Sie einen Schaufensterbummel. Wenn Sie außerhalb der Stadt leben, dann nützen Sie jede Gelegenheit für einen Spaziergang ins Grüne.

Widmen Sie nicht jeden Abend dem Fernsehprogramm. Gehen Sie wieder früher zu Bett. Dann können Sie problemlos am nächsten Morgen früher aufstehen, haben mehr Zeit für ein gemütliches Frühstück. Das bringt gute Laune und Vitalität. Vielleicht schaffen Sie es sogar, dass Sie vor dem Frühstück einen kleinen Spaziergang machen oder eine Runde laufen.

Man kann auf Dauer nur vital, fit und gesund bleiben, wenn man den Körper bewegt. Körperliches Training ist im Grunde genommen die beste Medizin fürs Abnehmen und fürs Wohlfühlen. Das sollen keine sportlichen Spitzenleistungen sein.
Die einzige Bedingung: Sie müssen sich regelmäßig bewegen. Täglich 30 Minuten. Das bewirkt wahre Wunder für Herz, Kreislauf, Blutdruck und Cholesterinwerte.
Am Wochenende ist das kein Problem. Und wenn Sie die Woche über berufstätig sind, dann nützen Sie die Mittagspause für einen Spaziergang durch den nahen Park.

Lernen Sie richtig atmen, wenn Sie sich draußen in der Natur aufhalten: Beim Ausatmen Bauch einziehen, damit alle schlechte, verbrauchte Luft aus den Bronchien gepresst wird.

Beim Einatmen Bauch heraus, damit im Brustraum viel Platz für die gute, neue Luft ist.

Viele holen sich im Frühling eine zünftige Erkältung. Die Ursache ist meist Unvernunft. Sie schauen auf den Kalender und registrieren den Frühling. Und wenn dann noch die Sonne scheint, dann sperren sie alle warmen Kleidungsstücke weg und eilen in luftiger und leichter Garderobe hinaus. Viel zu leicht für die noch recht kühlen Temperaturen. Man muss die ersten Frühlingstage in warmer Kleidung genießen.

Mitunter zwingen die Temperaturen sogar zur Winterkleidung. Das sollten Sie nicht vergessen.

Wandern: Medizin für Beine, Herz und Kreislauf

Gehen ist die natürlichste Möglichkeit für den Menschen, sich fortzubewegen. Wenn man es zum Freizeitsport ausbauen möchte, dann spricht man vom Wandern, in den USA vom Walking. Wandern vor allem am Wochenende ist das ganze Jahr über eine beliebte Bewegungsart für die ganze Familie. Vielleicht tun Sie es gern und wissen gar nicht wie gesund es ist. Es gibt zweifelsohne Freizeitsportarten, die faszinierender und aufregender sind als das Wandern.

Man leistet nichts Sensationelles, muss sich aber auch nicht groß anstrengen oder selbst überwinden.

Es besteht auch nicht die Gefahr, dass man gefährlich übertreibt und sich schadet, wenn man von einem Muskelkater absieht.

Wandern kann jeder: ob Kleinkind, Schulkind, Frauen und Männer in den besten Jahren sowie Menschen im hohen Alter. Fürs Wandern braucht man auch keine teure Ausstattung: feste Schuhe und bequeme Kleidung sind ausreichend.

Welche gesundheitliche Bedeutung hat nun das Wandern?

- Der ganze Körper wird dabei trainiert, die Beine allerdings am meisten. Die Muskulatur der Beine wird sanft und gleichmäßig durchblutet sowie elastisch gehalten. Es gibt kaum Gefahr einer Muskelzerrung oder eines Muskelrisses. Da der Fuß ständig Bodenkontakt hat, werden die Fußsohlen massiert und über die Reflexzonen werden Muskeln, Wirbelsäule und alle inneren Organe positiv beeinflusst.

- Kräftige Schritte spürt man bis ins Gesäß. Das ist ein Beweis, dass beim Wandern die Becken-, die Gesäß- und Bauchmuskulatur angeregt werden, wobei auch die Verdauung gefördert wird.

- Eine kürzliche Studie von Sportmedizinern in Oslo hat ergeben: Wenn man beim Wandern und beim flotten Gehen die Arme so richtig weit mitschwingen lässt, so ist das nicht nur gesund für die Wirbelsäule, auch die Atmung wird verbessert. Und man verbraucht dabei um fast 50 Prozent mehr Kalorien. Nacken und Schultern werden entspannt.

- Bänder, Gelenke und Sehnen werden beim Wandern geschont. Es kann dabei keine Verletzungen wie beim Laufen geben. Es können daher auch all jene wandern, die schwache Bänder oder einen Bandscheibenschaden haben.

- Wandern ist eine stoßfreie Bewegungsart. Man muss dabei den ganzen Fuß von der Ferse bis zu den Zehen einsetzen.

- Wer wandert, um abzunehmen, muss sich allerdings ganz schön anstrengen. Wenn man 1 Stunde wandert, baut man bloß 300 Kalorien ab. Wer allerdings regelmäßig wandert, kann mit dem Gehen einiges erreichen.

- Wandern stärkt den Kreislauf, fördert die Sauerstoffaufnahme, aktiviert Lunge und Herz, baut Stress ab, macht die Muskeln geschmeidig und fördert die allgemeine Konstitution sowie den Schlaf.

Ältere Menschen sowie Kinder sollten als kleine Hilfe einen Wanderstock benutzen. Außerdem: Wer wandert, der sollte so wenig wie möglich tragen und wenn, dann alles gleichmäßig in einem Rucksack verteilt.
Und vor allem: Wandern Sie in sauerstoffreicher Luft, fern von Industriegebieten und starkem Straßenverkehr. Das richtige Tempo: 7,5 Kilometer pro Stunde. Aber auch 5 Kilometer/Stunde sind ein guter Anfang. Da müssen Sie 120 Schritte pro Minute machen. Jeder von uns sollte pro Woche 3 bis 4 Stunden wandern.

Wer im Frühling nach der langen Winterpause wieder in die Natur hinauswandert, der sollte aber auch einiges dafür tun, damit die Füße fit bleiben oder schnell wieder fit gemacht werden:

Wandern Sie nur in festen, innen weichen und bequemen Schuhen, die den Fuß gut abstützen. Sie sollten diese Schuhe schon einige Tage vor der Wanderung auch zu Hause tragen. So gewöhnen sich die Füße daran.
Füße werden wanderfit, wenn Sie jeden Morgen einige Zeit Wassertreten nach Pfarrer Kneipp: Lassen Sie 30 bis 40 Zentimeter tief kaltes Wasser in die Badewanne und steigen Sie dann darin mit nackten Beinen 1 bis 3 Minuten im Storchenschritt umher.

Wandern Sie niemals mit schmerzenden Füßen weiter. Machen Sie eine Pause, ziehen Sie Schuhe und Strümpfe aus, massieren Sie die Füße. Wenn die Fußsohlen heiß sind und brennen, reiben Sie sie mit Hirschtalg-Salbe (Apotheke) ein. Bei müden Füßen hat sich Franzbranntwein-Gel (Apotheke) bewährt.

Zu Hause lagern Sie die Beine hoch und nehmen dann ein Fußbad. Lösen Sie dafür in einem Eimer mit 5 Liter heißem Wasser 1/8 Kilo Salz auf. Baden Sie die Füße 15 Minuten darin.

Sie können die Füße auch in Kamillentee baden. 5 Esslöffel Kamillenblüten mit 1 Liter kochendem Wasser übergießen, 15 Minuten ziehen lassen, in den Eimer zum heißen Wasser gießen.
Danach ist es sinnvoll, die Füße mit Propolis-Massagecreme (Apotheke) einzureiben.

Laufen schenkt uns Glückshormone

Hohe Blutfettwerte, Bluthochdruck, Herzinfarkt, Stress, Lärm und Umweltgifte bedrohen uns. Ein besonders wirksames Mittel der Vorbeugung ist das Laufen. Nach dem Winter hat man zu Frühlingsbeginn wieder richtig Sehnsucht danach.

- Beim Laufen kann man einen ganzen Liter mehr sauerstoffreiche Luft nutzen als wenn man keine Bewegung macht. Beim Laufen entwickelt sich die Lunge kräftiger. Das Blut bekommt dadurch mehr Sauerstoff für die Zellen zugeführt.
- Das Herz wird leistungsfähiger.
- Die Arterien werden weiter und elastischer.
- Der Kreislauf wird verbessert.
- Im Gehirn werden Endorphine – Glückshormone – produziert und versetzen den Läufer in Superstimmung.

Die wichtigste Investition fürs Laufen sind gute Schuhe. Sie müssen exakt passen, müssen den Fuß stützen und dämpfen. Sie sollten beim Kauf eines Laufschuhes nicht sparen. Die Sportgeschäfte beraten ausgezeichnet! Laufen Sie in landschaftlich besonders schönen Gegenden, damit auch Ihr Auge mitgenießen kann. Laufen Sie, wenn Sie die Gelegenheit haben, nicht allein, sondern mit einem Partner oder einer Gruppe.

Laufen kann jeder, der Spaß daran hat: Wer gesund ist, kann sofort damit beginnen. Wer ein Leiden hat, muss unbedingt vorher seinen Arzt fragen. Kinder und Senioren laufen besser kürzere und ebene Strecken.

Laufen muss man lernen. Am Anfang bewegt man sich verkrampft. Man bekommt keine Luft. Man läuft und atmet zu hektisch, man verspürt immer wieder Seitenstechen. Daher ist wichtig: Finden Sie einen natürlichen Laufstil.

Atmen Sie richtig. Durch die Nase wird eingeatmet, damit die Luft gefiltert wird. Durch den Mund wird ausgeatmet. Gewöhnen Sie sich einen Schrittrhythmus an.
Bewegen Sie beim Laufen die Arme richtig. Die Arme bestimmen den Laufrhythmus. Sie sollen abgewinkelt sein. Die Unterarme sollen zwischen Taille und Brust pendeln. Die Ellenbogen sollen Tuchfüllung zum Körper haben. Hände locker, Daumen nach oben.

Hier noch ein paar wichtige Lauf-Gebote:

- Übertreiben Sie nicht. Beginnen Sie Ihr Training langsam und vorsichtig.
- Laufen Sie mindestens 3-mal in der Woche und zwar mindestens 12 Minuten.
- Da Sie beim Laufen sicher ins Schwitzen kommen werden, müssen Sie anschließend auch für die entsprechende gesunde Flüssigkeitszufuhr sorgen: Trinken Sie am besten reichlich stilles Mineralwasser oder Apfelsaft 50 zu 50 mit Wasser oder Mineralwasser verdünnt.

Radfahren bringt den Kreislauf in Schwung

Radfahren ist in den letzten Jahren wieder zu einem Volkssport geworden. Heute stehen überall wunderbare Radwege zur Verfügung. Sie machen es zu einem besonderen Vergnügen, in die Pedale zu treten. Zugleich ist Radfahren ein Freizeitsport, mit dem man sehr viel für die Gesundheit und Fitness tun kann. Radfahren ist für Jung und Alt die optimale Ausdauerbelastung, der sich jeder aussetzen kann. Rad fahren können Kinder genauso wie Erwachsene, sogar Senioren mit Gelenkproblemen können mitmachen, weil bei dieser Art von Bewegung das eigene Körpergewicht kein Problem darstellt.

Grundsätzlich kann man sagen:

- Radfahren bringt auf schonende Weise Herz und Kreislauf in Schwung.
- Die Lunge wird gestärkt, die gesamte Atmung wird angeregt.
- Das vegetative Nervensystem wird positiv beeinflusst.
- Radfahren stärkt das Immunsystem gegenüber Infektionskrankheiten und Gefäßveränderungen.
- Die Muskeln werden trainiert.
- Die Verdauung wird verbessert, weil die Bauchmuskeln rhythmisch gereizt werden.
- Die allgemeine Leistungsfähigkeit des Menschen wird durch das Radfahren erhöht.
- Der deutsche Sportmediziner Dr. Reinhard Schneiderhahn in München hat im im Rahmen einer Studie gemessen: Wenn man oft Rad fährt und

dabei zügig und fest in die Pedale tritt, werden nicht nur – wie beim Laufen – Endorphine, also Glückshormone, ausgeschüttet, sondern auch große Mengen der Gute-Laune-Substanz Serotonin.

Allerdings muss man beim Radsport einige Grundsätze beachten, damit er wirklich unserer Gesundheit dient: Wenn Sie das Radfahren erst erlernt haben oder lange nicht mehr im Sattel gesessen sind, dann übertreiben Sie anfangs nicht. Beginnen Sie mit ganz ebenen Strecken und fahren Sie nicht länger als 1 Stunde am Tag.

Bluthochdruck-Patienten sollten mit ihrem Arzt sprechen, ehe sie das Fahrrad besteigen. Fahren Sie nicht zu schnell. Das richtige Tempo ist für die Gesundheit dann gegeben, wenn Sie dabei mit Ihrem Radfahrpartner bequem sprechen können.
Wenn Sie müde werden, wenn Sie ein Muskelzittern oder Atemnot verspüren, müssen Sie absteigen und eine längere Pause einlegen.

Wichtig ist auch die Beschaffenheit des Rades: Fachgeschäfte helfen bei der Einstellung und verpassen dem Rad ein Frühjahrs-Service.

Sehr wichtig ist auch die Bekleidung beim Radfahren: Tragen Sie geeignete Sportkleidung! Bei Sonnenschein dürfen Sie nicht die schützende Kopfbedeckung vergessen. Tragen Sie helle Farben zu Ihrer Sicherheit im Verkehr.

Sehr wesentlich ist auch das Essen und Trinken beim Radfahren: Essen Sie vor einer Radtour nicht zu viel und nicht zu üppig. Trinken Sie keinen Alkohol. Rauchen Sie 3 Stunden vor einer Radtour keine Zigarette. Während des Radfahrens sollten Sie sich nur leicht und vitalstoffreich ernähren: mit einem Müsliriegel, einer Banane, einem Apfel, mit Vollkornkeksen.

Ganz wichtig ist der Flüssigkeitsnachschub. Trinken Sie Kräutertees aus der Thermosflasche, nicht zu kaltes Mineralwasser oder ein mineralstoffreiches Elektrolytgetränk. Ideal: Apfelsaft 50 zu 50 mit Wasser oder Mineralwasser vermischt oder Himbeersirup mit Wasser.

Die feinsten Frühjahrs-Cocktails zum Genießen

Der menschliche Körper besteht zu zwei Dritteln aus Flüssigkeit. Er braucht ständig die Zufuhr von Flüssigkeit, damit alle Organe sowie der Stoffwechsel optimal funktionieren, die Versorgung mit Nährstoffen und die Entsorgung von Giftstoffen gesichert sind. Bei mangelnder Flüssigkeitszufuhr kann der Kreislauf sehr leiden oder versagen.

Trinken Sie sich nach der langen kalten Jahreszeit gesund und fit – mit den besten Gesundheitscocktails. Es sind Cocktails ohne Alkohol, die nur der Gesundheit, der geistigen Fitness, dem Wohlbefinden und der Schönheit dienen und herrlich schmecken.

Das Kräuter-Elixier gegen Frühjahrsmüdigkeit

An manchen Frühlingstagen haben viele keinen Elan, fühlen sich erschöpft und müde. Sie haben ein ausgeprägtes Schlafbedürfnis und schleppen sich gähnend durch den Tag.
Jetzt ist wichtig, dass wir unseren Körper entschlacken, dass wir den Stoffwechsel ankurbeln und Vitalkräfte in uns aufbauen. Dafür eignet sich wunderbar ein Kräuter-Cocktail. Seine Hauptbestandteile sind Löwenzahn und Brennnessel.
Die Brennnesselblätter, die von vielen Menschen im Garten als Unkraut verfolgt werden, sind eine wertvolle Naturarznei. Die wichtigsten Inhaltsstoffe sind Eisen, Kalium, Gerbstoffe, Kieselsäure, Kalzium, Serotonin, Vitamin C, Chlorophyll und Acetylcholin. Und das kann man mit der Brennnessel für die Gesundheit tun: Sie lindert rheumatische Schmerzen, regt den Stoffwechsel an, wirkt harntreibend und reinigt das Blut. Auch

Gichtschmerzen können gelindert werden. Die Arbeit der Nieren wird aktiviert. Akne und andere Hautunreinheiten können bekämpft werden. Die Brennnessel stärkt das Haar, gibt ihm einen schönen Glanz und macht es geschmeidig.

Unmittelbar, nachdem die ersten Brennnessel-Pflanzen im Frühling aus der Erde sprießen, kommt der Löwenzahn. Auch seine Blätter sind eine Naturarznei. Die wertvollen Wirkstoffe in den Blättern sind Glykoside, Cholin, Phenolsäure, Asparagin, Enzyme, Kalium, Karotinoide, Eisen, Vitamin A und C sowie Bitterstoffe wie das Taraxin.

Das Besondere an den Löwenzahnblättern: Sie aktivieren Leber und Galle, verbessern die Funktion der Bauchspeicheldrüse und regen die Produktion von Magensäften an. Mit Löwenzahn kann man die Verdauung in Schwung bringen.

Man kann aus Löwenzahn- und Brennnesselblättern Kräutertee zubereiten. Man trinkt 3 Wochen lang jeden Tag 3 Tassen Brennnesseltee, anschließend 3 Wochen lang jeden Tag 3 Tassen Löwenzahntee aus Blättern und Wurzeln. Die jungen, frischen Blätter waschen, klein hacken. 2 gehäufte Teelöffel mit 1 Tasse kochendem Wasser übergießen, nur 2 Minuten ziehen lassen, durchseihen, mit etwas Honig trinken.

Für eine Kur sollten Sie 14 Tage lang 1-mal täglich den Cocktail gegen die Frühjahrsmüdigkeit langsam in kleinen Schlucken trinken, am besten am Vormittag. In dieser Zeit sollten Sie keinen Alkohol trinken, nicht rauchen und höchstens 2 Tassen Kaffee pro Tag trinken.

Cocktail gegen die Frühjahrsmüdigkeit

Sie brauchen für das Rezept:
1 Schnapsgläschen Brennnessel-Frischpflanzensaft, 1 Schnapsgläschen Löwenzahn-Frischpflanzensaft, 1 Orange, naturtrüben Apfelsaft, 3 Stück Eiswürfel aus der Tiefkühltruhe.

Gießen Sie Brennnessel- und Löwenzahn-Saft in ein hohes Trinkglas, geben Sie 2 Eiswürfel hinein und gießen Sie mit Apfelsaft oder mit stillem Mineralwasser auf. Stecken Sie auf den Glasrand die Scheibe einer Orange.

Sellerie-Karotten-Shake gegen den letzten Schnupfen der Saison

Im Frühling sehnen wir uns nach der schönen Jahreszeit und genießen jeden Sonnenstrahl, den es gibt. Gerade jetzt handelt man sich sehr schnell einen lästigen und hartnäckigen Schnupfen ein. Was wir brauchen, ist ein wirksamer Viren-Killer, der uns vor einer letzten Erkältung der Saison schützt. Eine hervorragende Hilfe kann da der Sellerie-Karotten-Shake sein. Er schmeckt gut und ist gleichzeitig eine Naturmedizin.

- Die Sellerie-Knolle liefert dem Organismus die Mineralstoffe Kalium, Kalzium und Magnesium, Pantothensäure, weiters die Vitamine A, B_2 und B_6 sowie das Pro-Vitamin A, Betacarotin. Mit diesen Inhaltsstoffen leitet die Sellerieknolle Schadstoffe, Gifte und Krankheitserreger rasch aus dem Körper aus.

Dann gibt es in der Sellerie-Knolle auch noch zahllose Terpene. Das sind Aromastoffe. Sie können im Körper kleine Entzündungen beheben, eine Verstopfung bekämpfen und desinfizieren und entgiften die Schleimhäute im Mund und im Rachenraum. Mit all diesen Eigenschaften stärkt Sellerie die Immunkraft.

- Die Karotten (Möhren) haben ein besonders großes Wirkspektrum. Das Betacarotin baut nicht nur die Sehkraft auf, sondern stärkt auch die Immunkraft. Die Atemwege werden gegen Infekte geschützt. Außerdem werden Herz und Kreislauf aktiviert. Die Aufnahme von Betacarotin ist speziell in diesen Wochen wichtig, weil es die Haut vor den ersten starken Sonnenstrahlen im Frühling schützen kann. Obendrein hilft das Betacarotin mit, dass wir mit weniger Sonnenbestrahlung eine gute Gesichtsfarbe bekommen. Das Geheimnis dabei ist, dass die aggressiven Umweltschadstoffe – die freien Radikale –, die beim Sonnen entstehen, von den Karotten abgefangen und entschärft werden.

Da im Kampf gegen den Schnupfen Vitamin C eine große Rolle spielt, muss unser Cocktail auch mit einer Zitrusfrucht angereichert werden.

Die Orangen liefern das Vitamin C, den Treibstoff für die Abwehrzellen. Ohne Vitamin C werden sie nicht gegen die Schnupfen-Erreger aktiv werden. Sie sollten 2- bis 3-mal die Woche so einen Cocktail genießen.

Cocktail gegen den Schnupfen

Sie brauchen für das Rezept:
6 Karotten (Möhren), 1/2 weich gekochte Sellerie-Knolle, 4 Orangen, 1 Esslöffel Sahne, eine Prise Salz und Pfeffer.

Die Möhren und die Sellerie-Knolle werden geschält und gut gewaschen. Dann werden sie in kleine Stücke geschnitten.
Die 4 Orangen werden ausgepresst. Dann geben Sie alle Zutaten in einen Mixer, gießen die Sahne dazu und würzen mit Salz und Pfeffer. Die Sahne ist dabei ganz wichtig. Sie liefert das nötige Fett, damit das Vitamin A und das Betacarotin vom Organismus aufgenommen und verwertet werden können.

Lassen Sie alles im Mixer einige Minuten durchdrehen, gießen Sie den Shake in Gläser und trinken Sie ihn kühl. Dabei sollte jeder Schluck längere Zeit im Mund behalten werden, damit die Mundschleimhäute bereits einen Teil der Wirkstoffe aufnehmen können.

Schlank und fit mit der Fett-weg-Limonade

Unbarmherzig sagt uns gerade jetzt im Frühling die Waage jeden Morgen, dass wir zu viel, zu fett und zu süß gegessen und viel zu wenig Bewegung gemacht haben. Wir wollen abnehmen, damit wir dann in der schönen Jahreszeit in leichter Kleidung gute Figur machen können. Es gibt viele Möglichkeiten, die Fettpolster im Körper zu dezimieren.

Eine davon ist der Einsatz einer Südfrucht und das ist die Grapefruit. Sie wird auch als Pampelmuse bezeichnet. Die meisten schneiden sie in 2 Hälften und essen das Fruchtfleisch mit einem Löffel aus der Schale. Viele pressen die Grapefruit aus und trinken den Saft zum Frühstück. Sehr beliebt ist es auch, das in Würfel geschnittene Fruchtfleisch der Grapefruit, das feinsäuerlich, herb-bitter schmeckt, zu anderen Früchten in den Obstsalat zu mischen.

Die Grapefruit enthält wertvolle Vitalstoffe für unsere Gesundheit. Sie ist reich an Vitamin C, das sehr wichtig für unser Immunsystem und fürs Abnehmen ist. Nur wenige wissen, dass man nur dann Übergewicht abbauen kann, wenn man genügend Vitamin C im Körper hat. Und zwar funktioniert das so: Wenn wir abspecken wollen und weniger essen, dann müssen Fettzellen zur Energieproduktion herangezogen werden. Also greifen Hormonsubstanzen unsere Fettzellen an, lösen Fettmoleküle heraus und schicken diese durch die Blutbahn in ganz bestimmte Körperzellen, damit sie dort verbrannt werden.

Diesen Transport führt die körpereigene Substanz L-Carnitin durch. L-Carnitin wird aber nur dann tätig, wenn im Körper reichlich Vitamin C vorhanden ist. Darum ist es wichtig, dass man bei jedem Abnehm-Programm Grapefruits in den Speiseplan einbaut, damit man genügend Vitamin C zur Verfügung hat.

Nun hat die Grapefruit eine hervorragende Eigenschaft. Sie verfügt über sekundäre Pflanzenstoffe, welche die Wirksamkeit von Vitamin C bis zu 20fach verstärken. Dank dieser Bioflavonoide bleibt das Vitamin C im Körper länger aktiv. Zusätzlich zur Folsäure für Herz und Kreislauf liefert uns die Grapefruit auch noch eine Reihe von Enzymen, welche unsere Fettpolster angreifen und abbauen.

Daher spielt der Grapefruitsaft in den USA als Begleitgetränk zu Abnehmprogrammen eine sehr wichtige Rolle. Jeder kann das selbst ausprobieren. Mit Grapefruits geht das Abspecken leichter. Dabei ist natürlich auch der hohe Wassergehalt der Früchte entscheidend. Die Flüssigkeit fördert den Abtransport von Stoffwechselschlacken und festigt das Bindegewebe.

Es ist daher sinnvoll, zum Abnehmen im Frühling eine Fett-weg-Limonade zu trinken.

Cocktail gegen unerwünschte Rundungen

Sie brauchen für das Rezept:
1,5 Liter Grapefruit-Saft, 2 bis 3 Esslöffel Honig, 1 Zimtstange und 3 Gewürznelken.

Der Grapefruit-Saft wird gemeinsam mit dem Honig und den Gewürzen in einen Küchentopf geleert und unter ständigem Rühren erhitzt. Der Saft darf nicht kochen, damit nicht zu viele Wirkstoffe kaputtgehen. Das sehr warme Getränk wird in Gläser gefüllt und in kleinen Schlucken langsam getrunken, am besten zu jeder Mahlzeit ein Glas.

Apfelessig und Honig geben neuen Schwung am Morgen

Viele kennen dieses unangenehme Gefühl am Morgen, unter dem sehr viele leiden: Man erwacht, erhebt sich aus dem Bett und hat das Gefühl, als hätte man nicht geschlafen. Man ist wie gerädert, möchte sich am liebsten wieder hinlegen und kommt nicht in Schwung. Man denkt mit Schrecken: „Wie soll ich in dieser Verfassung die Aufgaben des Tages schaffen?“

Etliche greifen zu dubiosen chemischen Muntermacher-Pillen, deren Nebenwirkungen man oft gar nicht kennt. Viel besser ist es, sich mit Naturkräften aufzubauen.

Und da kann der naturtrübe Apfelessig eine wertvolle Hilfe sein. Er war lange Zeit in Vergessenheit geraten und wurde in den letzten Jahren als Hausmittel und Naturmedizin gegen viele Alltagsbeschwerden wieder entdeckt.

Man weiß heute:

- Das Zusammenspiel von Vitaminen, Mineralstoffen, Spurenelementen und Essigsäure in dem Apfelessig kann den Kreislauf binnen kurzer Zeit stärken.
- Die Verdauung kommt so richtig in Schwung, eine Tatsache, die speziell am Morgen dem ganzen Organismus Vitalität bringt.
- Außerdem wirkt sich Apfelessig positiv auf erhöhte oder zu hohe Cholesterinwerte aus. Auch das ist speziell am Morgen wichtig, weil sich in der Nacht das schädliche LDL-Cholesterin aufgebaut hat. Tagsüber auch auf die Ernährung achten und Bewegung machen!
- Die Kombination Apfelessig und Honig ist genial. Die vielen Wirkstoffe im Honig machen am Morgen schnell fit: 14 Aminosäuren, pflanzliche Hormonstoffe, Fruchtzucker, Traubenzucker, B-Vitamine, Kalium und Magnesium, Eisen, Phosphor, Enzyme und kleinste Mengen an Essigsäure. Dazu kommen noch etwa 20 anregende Duftstoffe.

Honig und Apfelessig helfen gegen Erschöpfungen am Morgen nach dem Aufstehen. Zugleich werden die Nerven gestärkt und beruhigt. Energie wird aufgebaut. Herz und Kreislauf werden optimal aktiviert.
Die gesamte Durchblutung wird verstärkt. Die Arbeit der Nieren wird ange-

Cocktail für mehr Schwung

Für dieses Rezept brauchen Sie: naturtrüben, naturbelassenen Apfelessig (Reformhaus), flüssigen Wiesenblüten-Honig, 1/4 Liter stilles Mineral- oder Leitungswasser.

Gießen Sie 1 Glas Wasser ein, das nicht zu kalt, aber auch nicht schal sein sollte. Dann rühren Sie 2 Esslöffel Apfelessig und 2 Teelöffel Honig ein, lassen das Ganze ein paar Minuten stehen, rühren noch einmal kräftig um und trinken den Cocktail dann langsam in kleinen Schlucken.

Man spürt schon nach kurzer Zeit, wie neue Energien im Körper aufgebaut werden. Man kann dann endlich voll Kraft in den Tag gehen.

regt. Die Harnwege werden nach dem Schlafen kräftig durchgespült.
Es macht also sehr viel Sinn, im Rahmen einer Vital-Kur 10 Tage lang jeden Morgen auf nüchternen Magen einen Apfelessig-Honig-Cocktail zu trinken.

Zusätzlich kann man noch einige Wirkungen erzielen:

- Wenn Sie Ihre Cholesterin-Werte senken wollen, dann rühren Sie nur 2 Esslöffel Apfelessig ins Wasser, also keinen Honig.
- Wenn man damit gurgelt, hilft dies gegen Heiserkeit am Morgen.
- Wenn man diese Mischung einige Zeit vor jeder Mahlzeit trinkt, hat man weniger Hunger, isst nicht so viel und nimmt ab.

Der Ananas-Sauerkraut-Mix gibt der Darmflora Kraft

Mitunter hat man das Gefühl, dass die Verdauung blockiert ist und im Oberbauch eine unangenehme Spannung herrscht. Man leidet an einer Verstopfung.

Das passiert speziell an Tagen, an denen man zu viel gegessen und zu wenig Bewegung gemacht hat. Obendrein weiß man, dass man etwas abnehmen sollte. Gegen all diese Probleme gibt es einen wirksamen Gesundheitscocktail, der gut schmeckt und sehr erfrischt: Das ist der Ananas-Sauerkraut-Cocktail.

- Die frische Ananas enthält sämtliche Vitamine und 16 Mineralstoffe. Das Wichtigste an der Ananas aber ist das Enzym Bromelaine. Es verbessert die Eiweiß-Verdauung, speziell bei der Verarbeitung von Fleisch und Wurst und verbessert die Durchblutung. Es entspannt die Muskulatur in Magen und Darm und baut Fettpolster ab. Daher ist es sinnvoll, beim Abnehmen unterstützend frische Ananas zu essen. Außerdem entlastet die Ananas die Bauchspeicheldrüse, entwässert, bekämpft Darmstörungen und liefert Energie.
- Die zweite Komponente in diesem Gesundheitsdrink ist das Sauerkraut. Es ist ein wertvoller Vitamin-C-Lieferant, schützt uns daher vor Erkäl-

Cocktail für die Verdauung

Für dieses Rezept brauchen Sie:
1 frische, reife Ananas, 2 Orangen, 1 Flasche Sauerkrautsaft (Reformhaus) und 1 Zitrone.

Schneiden Sie eine Ananas in kleine Stücke. Pressen Sie die beiden Orangen und eine halbe Zitrone aus. Geben Sie die Ananasstücke, den Orangensaft und etwas Zitronensaft in den Mixer und gießen Sie mit etwa 1/4 Liter Sauerkrautsaft auf. Damit es nicht zu sauer schmeckt, süßen Sie mit 1 – 2 Esslöffeln Honig. Alles zusammen wird im Mixer gedreht.

Von diesem Saft (im Kühlschrank aufbewahren) trinkt man eine Woche lang jeden Tag 1 Glas langsam in kleinen Schlucken. Das entschlackt den Körper und wirkt leicht abführend.

tungen und Stress. Dabei wird das Sauerkraut vom Vitamin C der Zitrone kräftig unterstützt.

Das Wesentliche am Sauerkraut ist der reiche Gehalt an Milchsäure-Bakterien. Wir sind nur dann gesund, wenn wir in unserem Darm überwiegend gesundheitsfördernde, positive Darm-Bakterien haben. Dann können alle feindlichen, krankmachenden Bakterien erfolgreich bekämpft und ausgeschaltet werden.

Wenn man Milchsäure-Bakterien zuführt, dann unterstützen diese die körpereigenen, gesundheitsfördernden Bakterien. Das ist wichtig für die Verdauung und für die Abwehrkräfte des Körpers. Rund 70 Prozent der Immunkraft werden im Darm aufgebaut. Aus diesem Grund ist Sauerkraut oder Sauerkrautsaft sehr wertvoll für unsere Gesundheit.

Der Glücks-Drink bringt gute Laune und ruhigen Schlaf

Das erlebt jeder von uns immer wieder: Man hat so Tage, an denen ist man nicht gut drauf. Man hat schlechte Laune, nimmt alle Probleme besonders ernst und nimmt viele Sorgen abends mit ins Bett. Die Folge: Man kann lange nicht einschlafen, wälzt sich ruhelos im Bett umher und ist am nächsten Tag in einer noch schlechteren Verfassung. Das muss man so nicht hinnehmen.

Dagegen kann man etwas tun. Eine Maßnahme: Trinken Sie sich glücklich und sorgen Sie mit einer ganz bestimmten Mischung von wertvollen Natursubstanzen für bessere Stimmung und einen tiefen, ungestörten Schlaf.

Wenn wir uns in unserer Haut so richtig wohl fühlen, wenn wir mit positiven Gedanken durch den Tag gehen, dann stimmt die Biochemie in unserem Gehirn und Nervensystem. Wir haben dann genügend so genannte Glückshormone produziert.
Eine Substanz ist ganz besonders wichtig: das Noradrenalin. Es leitet Euphorie-Signale aus dem Gehirn über die Nervenzellen in den Körper und sorgt dafür, dass wir in ein Gefühl von Freude

und Zufriedenheit eintauchen. Dieses Noradrenalin kann aber nur dann gebildet werden, wenn wir genügend Vitamin C im Körper haben. Daher ist Vitamin C sehr massiv auch für gute Laune und fürs Glücklichsein zuständig.

Auch das Enzym Bromelin ist ein interessanter „Sprit“ für positive Laune. Die meisten kennen dieses Enzym nur, weil es mithilft, Fettpolster im Körper zu verbrennen. In den Antillen gilt die reife, süße Ananas allerdings auch als Förderer von Liebeslust und Liebeskraft für Mann und Frau. Logisch: Wer gute Laune hat, ist auch in besserer Stimmung für die Liebe.

Schließlich brauchen wir zum Glücklichsein auch eine große Portion des Hormonstoffes Serotonin. Es wird in unseren Organismus aus dem Eiweißbaustein Tryptophan gebildet. Wir können es direkt aus der Nahrung aufnehmen. Das Tryptophan sorgt auch für einen entspannten, tiefen und gesunden Schlaf. Der ideale Zustand ist, wenn wir unserem Körper sowohl Tryptophan als auch Serotonin zuliefern.

Jetzt wird klar, was wir alles für einen Glücksdrink benötigen: Vitamin C in Form von Orangen und Zitronen, Serotonin in Form von Bananen. Dazu kommt noch aus der Banane der beruhigende Bioaktivstoff Katecholamin. Tryptophan liefert uns die Milch. Und der klassische Lieferant für das Enzym Bromelin ist die frische, saftige Ananas.

Cocktail für gute Laune

Zutaten für 6 Personen:
1 Liter Milch, 8 Bananen, 1 Zitrone, 1/2 Liter frisch gepressten Orangensaft, 1/2 Liter Ananassaft.

Schälen Sie die reifen, aber festen Bananen und schneiden Sie sie in dünne Scheiben. Sofort mit Zitronensaft beträufeln, damit sie ihre schöne, gelbe Farbe behalten und nicht braun werden. Gießen Sie die kalte Milch, den Orangensaft und den Ananassaft dazu. Am besten mischen Sie alles im Mixer zu einem flüssigen Brei. In Cocktail-Gläser füllen, mit einer Orangenscheibe garnieren und mit einem Trinkhalm servieren. Der Cocktail schmeckt am besten eisgekühlt. Er muss schluckweise, also ganz langsam, getrunken werden.

Mit dem Kiwi-Citrus-Mix gegen Stress und Ärger

Kiwis werden bei uns von Jahr zu Jahr beliebter. Und sie tun unserer Gesundheit auch richtig gut. Im Grunde genommen sind sie für die heutige hektische Zeit wie geschaffen. Stress, Schadstoffe aus der Umwelt, zu wenig Schlaf und nicht sehr gesunde Ernährung belasten den Organismus. Hier spielt als Schutz-Substanz das Vitamin C eine wesentliche Rolle und Kiwis sind klassische Vitamin-C-Lieferanten.

Früher dachte man: Vitamin C ist einzig und allein wichtig für uns gegen Erkältungen. Heute ist in zahllosen wissenschaftlichen Studien längst nachgewiesen: Vitamin C kann noch viel mehr:

- Es macht uns stark gegen Stress und Ärger. An der Berkeley Universität in Kalifornien hat man errechnet: Wenn sich jemand 15 Minuten kränkt, ärgert oder wenn er Stress hat, dann verliert er in dieser Zeit 300 bis 320 Milligramm Vitamin C und hat, wenn er nicht schnell für Nachschub sorgt, ein geschwächtes Immunsystem.
- Vitamin C schützt uns aber auch vor dem schädlichen Einfluss von Schadstoffen. Da Nikotin das Vitamin C im Körper zerstört, muss der Raucher 3-mal so viel zu sich nehmen als der Nichtraucher.
- Vitamin C schützt auch den Darm vor krebsbelastenden Stoffen.
- Ernährungswissenschaftler haben errechnet, dass man mit 4 – 6 Kiwis am Tag eine sehr gute Vitamin-C-Versorgung erreichen kann. Das hat noch einen besonderen Vorteil in der Ernährung: Wer nach einer Mahlzeit mit Fleisch 2 Kiwis verzehrt, kann das Fleisch-Eiweiß besser und schneller verdauen. Es müssen keine ganzen Kiwis sein. Dasselbe leistet ein Kiwi-Saft oder ein spezielles Kiwi-Getränk, vor allem wenn es zusätzlich das Vitamin C der Zitrone mitliefert. Diese Kombination ist besonders wirksam.

Wer also stark sein will gegen Stress, Ärger und Kränkungen, der sollte das Rezept für einen köstlichen, erfrischenden Kiwi-Citrus-Mix kennen.

Wichtig dabei ist, dass Sie jeweils ein Glas von dem Kiwi-Citrus-Drink morgens, mittags und abends genießen. Das ist wichtig, weil unser Körper das aufgenommene Vitamin C nicht speichern kann. Er verbraucht es rasch wieder. Daher muss er es gleichmäßig immer wieder anliefern. Morgens trinkt man den Mix am besten zum Frühstück, mittags vor dem Essen und abends nach dem Essen beim Fernsehen anstelle von Kartoffel-Chips.

Der Kiwi-Citrus-Mix hilft nicht nur gegen Stress und Ärger. Man kann auch bei schlechter Stimmung die Laune entscheidend verbessern, weil Vitamin C auch noch stimmungsaufhellend wirkt. Es fördert die Ausscheidung von Glückshormonen.

Cocktail gegen Frustgefühle

Sie brauchen dazu: 6 Kiwis, 6 Esslöffel Zitronensaft, 1/4 Liter Zitronen-Limonade und Eiswürfel.

Schälen Sie die Kiwis und pürieren Sie sie gemeinsam mit dem Zitronensaft im Mixer. Dann gießen Sie diesen Kiwi-Zitronensaft in ein Trinkglas, füllen mit der Zitronen-Limonade auf und servieren den Drink mit Eiswürfeln. Garnieren Sie das Glas mit einer Kiwi-Scheibe.

Gurken-Jogurt mit Weizenkeimen spart den teuren Kosmetiksalon

Haben Sie gewusst, dass man Schönheit auch trinken kann? Ich werde es Ihnen beweisen: mit einem speziellen Gesundheitscocktail, der Haut und Haare attraktiv macht und uns daher jünger aussehen lässt.
Sie brauchen für diesen Cocktail einige wertvolle Naturprodukte, die in der gesunden Ernährung eine wesentliche Rolle spielen.

Da ist in erster Linie die Salatgurke. Sie besteht zu 95 Prozent aus Wasser. Sie ist daher ein idealer Durstlöscher. Die Gurke ist reich an Vitaminen, Mineralstoffen, Enzymen und Spurenelementen. All diese Vital-Substanzen sind optimal in der Gurkenflüssigkeit gelöst und werden daher vom Organismus rasch und intensiv aufgenommen. Auf diese Weise liefert uns die Gurke viele Elektrolyte und nimmt es daher mit jedem Sportler-Drink auf.

Das wichtigste Enzym in der Gurke ist das Erepsin. Es sorgt dafür, dass aufgenommenes Eiweiß besser verarbeitet wird. Und da auch Eiweiß-Bausteine für unser Aussehen wichtig sind, kann die

Gurke auch auf diesem Weg eine Menge für uns tun. Ganz wichtig fürs Aussehen ist das Körpergewicht. Gurken helfen uns, schlank zu werden und schlank zu bleiben. 100 Gramm haben nur 14 Kilokalorien. Außerdem macht die Gurke schnell satt.

Gurken und Gurkensaft festigen das Bindegewebe. Und das ist für ein faltenfreies Gesicht sowie im Kampf gegen Cellulite sehr wichtig.
Sie alle kennen das alte Kosmetik-Hausrezept: Man schneidet eine Gurke in dünne Scheiben und legt diese für 10 – 15 Minuten aufs Gesicht. Die Haut saugt die Wirkstoffe der Gurke mit dem Gurken-Wasser auf.

Ebenso braucht unsere Haut regelmäßig die Zufuhr von Vitamin E aus pflanzlicher Herkunft. Das Vitamin E wird vom Organismus in die Haut entsandt, wo es wertvolle Funktionen ausübt: Es bremst den Alterungsprozess der Haut und schützt die Haut vor den zerstörenden Strahlen zu intensiver Sonne.

Straffe Haut braucht zum Jungbleiben auch Vitamin C, am besten in Form von Zitrusfrüchten. Diese liefern außerdem die Bio-Substanz Rutin. Und die hält die Haut ebenfalls glatt und bremst die Faltenbildung. Dazu passt natürlich der Jungbrunnen-Effekt des Jogurts, der vor allem durch die Orotsäure und das Vitamin E gegeben ist.

Cocktail gegen Falten

Sie brauchen für dieses Rezept:
1/2 Salatgurke, 2 Orangen, 1 Becher Naturjogurt und 2 Esslöffel Weizenkeime.

Schälen Sie die halbe frische Gurke und schneiden Sie sie in ganz dünne Scheiben. Pressen Sie die beiden Orangen aus. Gurkenstücke und Orangensaft werden in den Mixer gegeben. Dann kommen 1 Becher Jogurt und die Weizenkeime dazu. Gießen Sie mit ein wenig Mineralwasser auf. Jetzt mischen Sie alles im Mixer und gießen die erfrischende Flüssigkeit in ein Cocktail-Glas. Garnieren Sie den Glasrand mit einer Gurkenscheibe.
Der Cocktail, der Ihnen so manch teuren Besuch im Kosmetiksalon erspart, sollte kalt getrunken werden.

Der Tofu-Bananen-Shake macht satt und schlank

Je mehr wir uns der warmen Jahreszeit nähern, desto mehr haben wir den Wunsch, Übergewicht abzubauen. Das bedeutet nicht, dass wir auf köstliches Essen verzichten müssen.

Gesundes, das schlank macht, kann auch gut schmecken. Der Trick dabei ist: Genießen Sie wertvolle Naturprodukte mit vielen Vitalstoffen, die schnell satt machen und die dafür sorgen, dass Sie lange satt bleiben und nicht gleich wieder etwas konsumieren wollen. Diese Aufgabe erfüllt in einem idealen Maße der Tofu-Bananen-Shake. Die beiden Naturprodukte, die man dazu braucht, sind Klassiker der gesunden, ausgewogenen Ernährung:

- Die Banane ist von der Weltgesundheits-Organisation (WHO) zur „Weltfrucht" ernannt worden, weil sie alle Vitamine, Mineralstoffe und Spurenelemente liefert, welche die Natur anzubieten hat. Wir tanken mit der Banane große Mengen an B-Vitaminen, Vitamin A und C. Die Banane liefert viel Magnesium und Kalium sowie die beruhigende Substanz Katecholamin und die Glückshormone Norepinephrin und Serotonin. Sie stärkt Herz und Kreislauf und liefert dem meist übersäuerten Organismus basische Elemente.
Sie beruhigt die Nerven, bringt uns in gute Stimmung und heilt entzündete Magenschleimhäute.

Cocktail fürs Abspecken

Sie brauchen für dieses Rezept:
2 Bananen, 1/4 Liter Mineralwasser, 75 Gramm naturbelassenen Tofu (Reformhaus), 2 Teelöffel Honig und 1 Tasse zerstoßene Eiswürfel.

Der Tofu-Block wird in kleine Stücke geschnitten und in den Mixer gegeben. Dazu schneiden Sie die beiden Bananen in dünne Räder, gießen das Mineralwasser darüber, süßen mit den 2 Teelöffeln Honig und geben die Eiswürfel dazu. Dann lassen Sie den Mixer ein paar Minuten laufen, gießen den Cocktail in 2 Gläser und trinken ihn langsam in kleinen Schlucken. Sie können auch alles in einen Topf geben und mit dem Handmixer mischen.

Bananen sind die ideale Zwischenmahlzeit für Sportler, für Schulkinder und Studenten, aber auch für Menschen, die viel Stress haben. Bananen geben Senioren schnell wieder Kraft. Wichtig allerdings ist, dass man goldgelbe, reife, duftende Bananen genießt. Wenn sie bereits braune Flecken haben, dann bauen sie bereits massiv Vitalstoffe ab. Und wenn sie noch grün sind, haben sie all diese Substanzen noch gar nicht voll entwickelt. Die Banane ist ein Schlankmacher. Sie macht schnell satt. Wir bleiben dann auch lange satt und haben nicht gleich das Bedürfnis, wieder etwas zu essen.

- Tofu ist der japanische Name für Sojamilch-Quark. Ein faszinierendes Naturprodukt, das reichlich Kalium und Vitamin B1 für die Nerven enthält, aber auch Eisen für Vitalität und Magnesium für Herz und Kreislauf liefert. Soja hat ein sehr wertvolles Pflanzen-Eiweiß und enthält interessante Mengen von Lecithin für geistige Fitness. In jüngster Zeit beschäftigt man sich wissenschaftlich intensiv mit den Phytoöstrogenen, die in der Sojabohne reichlich enthalten sind. Sie können das Krebsrisiko senken und spielen vor allem für Frauen eine besonders wichtige Rolle. Für die Herstellung von Tofu wird Sojamilch erhitzt und mit Gerinnungsmitteln vermischt, die in kaltem Wasser aufgelöst sind. Meist handelt es sich um einen Meersalzextrakt. Man kann Tofu backen, braten. Er eignet sich wunderbar für Diät-Mahlzeiten.

Heilkräuter helfen heilen – die besten Tees fürs Wohlbefinden

Teekräuter genießen schon seit ältesten Zeiten einen hervorragenden Ruf und haben bis heute trotz großer Fortschritte in der Medizin und Pharmazie nichts an Wert eingebüßt.
Im Gegenteil: Die moderne Forschung konnte für die Wirkung vieler Kräuter handfeste und faszinierende Beweise erbringen.

Teekräuter sind die ideale Alternative: Die natürlichen Inhaltsstoffe der Kräuter – als Tee genossen – wirken sanft auf den ganzen Körper und führen Besserung, Linderung und Heilung herbei.

Auch viele Ärzte sind heute bereits zu Kräutertee-Anhängern geworden, weil auch sie der Ansicht sind, dass man in vielen Fällen alltäglicher Befindlichkeitsstörungen nicht »mit Kanonen auf Spatzen« schießen sollte.

Gegen viele einfache Beschwerden sind Heilkräuter – als Tee zubereitet – die ideale Naturtherapie.

Zubereitung von Kräutertees

- Beim langen Überbrühen – der bekanntesten Kräutertee-Zubereitung – gibt man das Kraut oder die Kräutermischung in eine Tasse (aus Porzellan, Steingut oder Ton). Mit siedendem Wasser übergießen, 5 bis 15 Minuten – je nach Kräuterart – zugedeckt ziehen lassen.
  Dabei immer mit einem Porzellanteller zudecken und vor dem Trinken die Tropfen, die sich auf der Innenseite gebildet haben, in den Tee gießen. Das sind die konzentriertesten Wirkstoffe, die ohne Zudecken verdunsten würden.
- Beim kurzen Überbrühen dürfen die Kräuter nur 1 bis 3 Minuten ziehen. Diese Methode wendet man bei frischen Kräutern an.
- Beim Ab- oder Aufkochen von Kräutern werden getrocknete Kräuter mit kaltem Wasser zugestellt und zum

Kochen gebracht und dann einige Zeit – meist 3 Minuten – gekocht. So werden meist Rinden und Wurzeln von Kräutern zubereitet.

- Beim kalten Ansetzen – was bei einer Reihe von Kräutern notwendig ist – wird eine bestimmte Kräutermenge über Nacht in 1 Tasse kaltem Wasser angesetzt. Am nächsten Morgen abseihen, erwärmen, trinken. Die klassischen Kräuter dafür sind Mistel, Kalmus, Eibisch, Käsepappel. Beim Überbrühen würden zu viele Wertstoffe der Pflanze verloren gehen.

Wenn Sie spezielle Fragen zur Zubereitung und Wirkung von Heilkräutern haben, wenden Sie sich an die Apothekerin oder den Apotheker!

Für den Kopf

Melisse gegen Spannungskopfschmerz

Nehmen Sie niemals ohne ärztliche Untersuchung oder ohne ärztliche Verordnung starke Schmerztabletten. Diese könnten – so paradox es klingt – Ihr Leiden verschlimmern.

Legen Sie sich, wenn die Schmerzen kommen, in einen abgedunkelten Raum und halten Sie die Augen geschlossen. Legen Sie ein Leinentuch auf die Stirn, das Sie zuvor in lauwarmes Wasser eingetaucht und ausgewrungen haben.

Trinken Sie in langsamen Schlucken 1 Tasse lauwarmen Melissentee mit 2 Teelöffeln Melissengeist, ungesüßt.

Massieren Sie Stirn, Schläfen und Nacken mehrmals mit Melissengeist oder Franzbranntwein.

Für die Nase

Lindenblütentee: Ideal bei Schnupfen

Hausärzte und Naturheilexperten sind sich einig: Die besten Erfolge bei Schnupfen erzielt man mit Lindenblütentee. Seine Inhaltsstoffe wirken schweißtreibend, beruhigend, sie lindern den Husten und fördern den Auswurf.

Eine Studie in Chicago bewies, dass Schnupfen-Patienten mit Lindenblütentee schneller gesund waren als Patienten, die mit Medikamenten versorgt wurden.

Antischnupfentee aus Wermut und Salbei

Versuchen Sie doch auch das folgende uralte, aber sehr wirkungsvolle Rezept aus Bayern: eine Hand voll Wermut, eine Hand voll Salbei, eine Hand voll Alpen-Ehrenpreis und eine Hand voll Süßholzwurzel – alles aus der Apotheke – mit einem 1/2 Liter kochendem Wasser übergießen, 30 Minuten ziehen lassen.

Durchseihen. Und dann jede 1/2 Stunde 1 Esslöffel davon einnehmen oder morgens und abends je 1 Tasse in kleinen Schlucken trinken.

Kräutertee und Apfelessig gegen starke Sonnenröte

Vorbeugend gegen Sonnenbrand sollten Sie die Nase mit einem Sonnenschutzpräparat eincremen, das einen sehr hohen Schutzfaktor (Sunblocker) hat. Bei bereits bestehender roter und aufgebrannter Nase sollten Sie Umschläge mit Apfelessig durchführen.

Geben Sie 2 Esslöffel Essig in 1/2 Liter lauwarmes Wasser, tauchen Sie ein Tuch ein, wringen Sie es aus und legen Sie es über Nacht oder einige Stunden tagsüber auf die Nase.

Zusätzlich trinken Sie ein paar Tage lang täglich 3 Tassen von folgender Kräuterteemischung: Brennnessel, Hagebutten und Zinnkraut zu gleichen Teilen. 1 Esslöffel davon wird mit 1/4-Liter kochendem Wasser übergossen, 10 Minuten ziehen lassen.

Für Mund und Rachen

Kräuter-Therapie bei Geschmacksverlust nach Grippe

Besorgen Sie sich aus der Apotheke die homöopathische Tinktur Echinacea und nehmen Sie einige Zeit täglich 3-mal 15 Tropfen in etwas Wasser ein. Nehmen Sie mehrmals am Tag einen Schluck Buttermilch, behalten Sie diesen ein paar Sekunden im Mund. Danach ausspucken.

Trinken Sie 3 Wochen lang 3-mal täglich 1 Tasse von folgendem Kräutertee: 2 Teile Lavendel, 1 Teil Ringelblume, 3 Teile Kamille, 2 Teile Johanniskraut, 4 Teile Ysop und 3 Teile Thymian.
1 Esslöffel dieser Mischung wird mit 1 Tasse kochendem Wasser überbrüht, 15 Minuten ziehen lassen, ungesüßt trinken.

Schwarzer Tee gegen Bläschen im Rachenraum

Vielfach hilft gegen die unangenehmen Bläschen auch ein ganz einfaches Hausmittel: Brühen Sie starken Schwarztee auf. Nehmen Sie 2 Teelöffel Teekraut für 1 Tasse. Mit diesem Tee spülen Sie gründlich den Mund aus. Die Gerbstoffe im Tee helfen bei der Abheilung der Bläschen.

Tee aus Hamamelisrinde bei starker Zahnfleischentzündung

Hamamelisrinde hat schon oft in ganz besonders langwierigen Fällen von Zahnfleischentzündung geholfen. 1 Teelöffel Hamamelisrinde aus der Apotheke 10 bis 15 Minuten in 1 Tasse Wasser kochen, durchseihen. 2- bis 3-mal täglich 1 Tasse frisch zubereiten und damit den Mund und das Zahnfleisch gründlich spülen.

Bei Halsentzündung mit Salbeitee gurgeln

Überbrühen Sie 1 Esslöffel getrocknete Salbeiblätter (Apotheke, Drogerie) mit einem halben Liter kochendem Wasser, 10 Minuten ziehen lassen, durchseihen, 1 Esslöffel Apfelessig und 1 Teelöffel Honig dazurühren. Damit mehrmals am Tag gurgeln.

Für die Bronchien

Kräutermischung gegen chronische Bronchitis

Eine Bronchitis gehört in ärztliche Behandlung. Zusätzlich: Lassen Sie sich in der Apotheke 4 Teile Zinnkraut, 3 Teile Isländisches Moos und 2 Teile Salbeiblätter mischen.

1 Teelöffel davon wird mit 1/4 Liter kaltem Wasser übergossen, über Nacht stehen lassen. Morgens kurz einmal aufkochen, 1/2 Minute ziehen lassen, durchseihen und mit 1 Teelöffel Honig gesüßt trinken. 4 bis 5 Tassen täglich.

Lungenkraut befreit vom Hustenschleim

Das Lungenkraut ist auch unter den Namen Bockkraut, Hirschkohl, Fleckenkraut, Lungenwurz und Blaue Schlüsselblume bekannt. Verwendet werden die Blütenblätter und die Sprossenspitzen. Man bereitet daraus Tee zu.

1 gehäufter Teelöffel getrockneter Blütenblätter wird mit einer Tasse kochendem Wasser übergossen, 5 Minuten ziehen lassen, durchseihen, mit etwas Honig trinken.

Oder ohne Honig zum Gurgeln verwenden. Das Lungenkraut wirkt schweißtreibend und fördert den Auswurf bei Husten. Es reinigt auf diese Weise die Atemwege.

Spezial-Kräutertee gegen hartnäckigen Husten

Versuchen Sie es doch mit einem ganz speziellen Kräutertee, der sehr viele wertvolle ätherische Öle in sich vereint.

Vor allem das Thymol und Cymol des Thymians kommen dabei stark zur Wirkung.

Lassen Sie sich in der Apotheke folgende Kräutermischung herstellen:
2 Teile Thymiankraut, 1 Teil Anissamen, 1 Teil Sonnentau und 1 Teil Schlüsselblumenwurzel. Davon werden 2 Teelöffel mit 1/4 Liter kochendem Wasser überbrüht, 10 Minuten ziehen lassen, durchseihen.
Mit etwas Honig süßen und 3-mal täglich 1 Tasse trinken.

Holunder, Eibisch und Fenchel gegen Husten

Nützen Sie die Kräfte von Eibisch- und Fencheltee. Die Inhaltsstoffe fördern die Schleimabsonderung und beruhigen die Bronchien. Trinken Sie 1 Woche lang 3-mal täglich 1 Tasse Eibischtee: 2 Teelöffel Eibischwurzel werden mit 1/4 Liter kaltem Wasser übergossen, eine Stunde stehen lassen, dabei umrühren, durchseihen. Leicht erwärmen, trinken.

Genießen Sie 1 Woche 3-mal täglich 1 Tasse Fencheltee: 1 Teelöffel Fenchelsamen wird mit 1/4 Liter kochendem Wasser übergossen, 8 Minuten ziehen lassen, durchseihen, mit Honig süßen. Parallel dazu sollten Sie zur Kräftigung der Bronchien einige Zeit täglich 1/4 Liter Holundersaft (Reformladen) trinken.

Für Herz und Kreislauf

Misteltee gegen Blutdruckschwankungen

Sie sollten bei Blutdruckschwankungen jeden Tag morgens und abends Ihren Körper mit einer Naturborstenbürste massieren.

Holen Sie sich aus der Apotheke Mistelkraut und trinken Sie im Rahmen einer 3-Wochen-Kur jeden Tag 2 bis 3 Tassen Misteltee.
Er muss kalt angesetzt werden: 1 Teelöffel Mistelkraut mit 1 Tasse kaltem Wasser übergießen, zudecken und über Nacht stehen lassen. Dann kurz aufwärmen, durchseihen und ungesüßt trinken.
Das Mistelkraut gleicht zu hohen und zu niedrigen Blutdruck aus. Hoher Blutdruck muss unbedingt ärztlich behandelt werden.

Kräutertee-Mischung für ein starkes Herz

Herzprobleme muss man immer ärztlich abklären lassen. Nervös bedingte Verkrampfungen und schmerzhafte Spannungen in der Herzgegend sind sehr oft mit einer speziellen Kräutertee-Mischung zu beseitigen.

Lassen Sie sich in der Apotheke zu gleichen Teilen Mistelkraut, Hopfenzapfen und Weißdornblüten mischen. 2 Teelöffel davon werden mit 1 Tasse kochendem Wasser überbrüht, 15 bis 20 Minuten ziehen lassen. Trinken Sie 3 Wochen als kurmäßig täglich 2 bis 3 Tassen.

Kräutertee und Minzöl bei plötzlicher Erschöpfung

Wenn Sie plötzlich sehr erschöpft sind, schlafen Sie zu wenig, gehen zu spät ins Bett oder Sie ernähren sich zu wenig gesund und achten nicht auf eine entsprechende Zufuhr von Vitaminen, Mineralstoffen und Spurenelementen. Essen Sie in nächster Zeit reichlich rohes Gemüse und frisches Obst.

Gegen die plötzlich auftretenden Erschöpfungen aber trinken Sie folgenden Kräutertee:

Lassen Sie sich in der Apotheke Melisse und Rosmarin zu gleichen Teilen mischen. 2 Teelöffel davon werden dann mit 1 Tasse kochendem Wasser überbrüht, 5 Minuten ziehen lassen, durchseihen, ungesüßt trinken.

Für den Magen

Kräutertees für den »nervösen« Magen

Bei »nervösem Magen« kommen die Beschwerden vom vegetativen Nervensystem. Dagegen gibt es wirksame Kräutertees: Löwenzahntee oder Tausendguldenkrauttee (Apotheke).

Jeweils 1 Teelöffel des getrockneten Krautes mit 1 Tasse Wasser kurz aufkochen, dann 15 Minuten ziehen lassen. Morgens und abends 1 Tasse etwa eine halbe Stunde vor einer Mahlzeit trinken. Viele Ärzte empfehlen, 1-mal am Tag in eine Tasse 2 Teelöffel Melissengeist einzurühren, weil seine ätherischen Öle unmittelbar über das vegetative Nervensystem eingreifen und daher die Wirkung des Kräutertees unterstützen.

Kräutertee und Eis bei Brechreiz

Nervös bedingt leiden manche Menschen am Morgen unter Brechreiz. Wenn Sie starken Brechreiz verspüren, lutschen Sie kleine Eisstückchen. Oder trinken Sie in kleinen Schlucken kalten Kräutertee: Mischen Sie 10 g Baldrian und 40 g Kamille. 1 Esslöffel davon wird mit 1 Tasse kochendem Wasser überbrüht, 10 Minuten zugedeckt ziehen lassen, durchseihen, kalt werden lassen, ungesüßt trinken. Sie werden staunen, wie schnell der Brechreiz verschwindet.

Kräutermix bei Blähungen

Trinken Sie 3-mal täglich 1 Esslöffel Fenchelsaft (Reformhaus) in etwas Wasser verrührt. Oder: Bringen Sie 1 Esslöffel Anissamen mit 1 Tasse kalter Milch zum Kochen. Durchseihen, warm trinken.

Oder: Mischen Sie 5 g Anis, 5 g Kümmel, 20 g Kamille und 20 g Melissenblätter. 1 Esslöffel davon mit 1 Tasse kochendem Wasser aufgießen, 8 Minuten ziehen lassen, durchseihen, ungesüßt trinken.

Eibischtee bei nächtlichem Sodbrennen

Häufiges Sodbrennen birgt die Gefahr von gefährlichen Schleimhautveränderungen. Es gibt wirkungsvolle Medikamente, die garantiert helfen. Zunächst kann man Folgendes versuchen: Trinken Sie jeden Abend vor dem Zubettgehen 1 Tasse Eibischtee. 4 Teelöffel Eibisch–wurzeln werden mit 1/4 Liter kaltem Wasser übergossen. 2 Stunden stehen lassen, dazwischen immer wieder umrühren. Dann abseihen. Den Tee leicht erwärmen und schluckweise trinken. Wenn das Sodbrennen nicht besser wird, müssen Sie zum Arzt gehen!

Für die Galle

Artischocke und Mariendistel bei Leber-Problemen

Stellen Sie Ihre Ernährung für längere Zeit auf überwiegend Rohkost um. Trinken Sie 3 Monate lang jeden Tag 3-mal 2 Esslöffel Artischockensaft aus dem Reformladen, der Drogerie oder aus der Apotheke mit etwas Wasser.
Damit hat der Schweizer Pflanzenforscher Walther Schoenenberger vielen Leberkranken geholfen.

Und trinken Sie 3 Wochen lang täglich 3 Tassen Mariendisteltee.

Löwenzahnblättertee: gut für Leber und Galle

Löwenzahnblättertee enthält viele wertvolle Bitterstoffe. Sie aktivieren Leber und Galle und eignen sich ebenfalls ideal zur Entschlackung des Organismus.

Und so wird der Tee zubereitet: Sammeln Sie zarte Löwenzahnblätter, gut waschen, klein hacken. 2 Teelöffel davon mit 1/4 Liter kochendem Wasser übergießen, 15 Minuten ziehen lassen, durchseihen.

Man trinkt im Rahmen einer Frühjahrskur eine Woche lang jeden Morgen auf nüchternen Magen vor dem Frühstück 1 Tasse ungesüßt.

Für die Nieren

Bärentraubenblättertee bei Erkältung der Blase

Besorgen Sie sich aus der Apotheke Bärentraubenblätter. Setzen Sie 2 Esslöffel davon 12 Stunden lang in 1/2 Liter kaltem Wasser an. Dann durchseihen, den Tee erwärmen, täglich 2 Tassen in kleinen Schlucken trinken.

Birkenblättertee gegen Steinbildung

Machen Sie bei Neigung zu Steinleiden mehrmals im Jahr eine Kräutertee-Kur mit Birkenblättertee. Er erhöht nicht nur die Harnbildung, sondern verstärkt auch den Druck in der Harnröhre, sodass Steinbildungen verhindert werden können. Eine Kur dauert 3 Wochen.

Trinken Sie 3- bis 4-mal täglich zwischen den Mahlzeiten 1 Tasse, jeweils frisch zubereitet. Und das ist das Rezept: 1 Esslöffel Birkenblätter aus der Apotheke wird mit 1/4 Liter kochendem Wasser übergossen, 10 Minuten ziehen lassen, durchseihen, lauwarm trinken. Eine ähnliche Wirkung hat auch Heidekrauttee, auch Erikatee genannt. Bei Steinleiden muss der Arzt unbedingt konsultiert werden!

Für Frauen

Himbeerblättertee und Melisse gegen Regelschmerzen

Bei Regelschmerzen haben sich die ätherischen Öle von Himbeer- und Melissenblättern sehr bewährt.

Hier das Rezept: Bereiten Sie sich schon einige Tage vor der Periode 1-mal am Tag eine Tasse Himbeerblättertee und rühren Sie 2 Teelöffel Melissengeist und 2 Teelöffel Honig ein.

In langsamen, kleinen Schlucken trinken, lange im Mund lassen.

Kräutertee gegen zu starke Regel

Trinken Sie einige Zeit jeweils vor dem Frühstück einen speziellen Kräutertee. Lassen Sie sich in der Apotheke 3 Teile Mistel, 3 Teile Hirtentäschel und 4 Teile Tormentill-Wurzel mischen. Übergießen Sie abends 1 Teelöffel davon mit 1 Tasse kaltem Wasser. Lassen Sie den Tee die ganze Nacht stehen. Am Morgen durchseihen und kurz erwärmen. Schluckweise trinken. Zusätzlich nehmen Sie jeden Tag 3-mal 1 Esslöffel Baldrian-Frischpflanzensaft aus dem Reformladen. Und sorgen Sie für genügende Eisenzufuhr: Trinken Sie 6 Wochen lang 1/8 Liter Mineralwasser mit 1 Eisenbrausetablette ohne Zucker aus der Apotheke.

Für die Haut

Löwenzahn gegen unreinen Teint

Gegen unreinen Teint hat sich der Tee aus Löwenzahnwurzeln (Apotheke) bewährt: 1/2 Teelöffel mit 1 Tasse Wasser aufkochen, danach 7 Minuten ziehen lassen.

Trinken Sie täglich 2 bis 3 Tassen ungesüßt. Zusätzlich reiben Sie Karotten, verrühren Sie sie mit ganz wenig Jogurt und reiben Sie damit das Gesicht ein. Nach 15 Minuten abwaschen und den Teint mit einer Creme pflegen, die 10 % Vitamin E (Apotheke) enthält.

Kräutertee gegen Altersflecken

Sie können die Flecken aufhellen und weniger sichtbar machen, wenn Sie sie täglich mit Zitronenscheiben einreiben. Nehmen Sie regelmäßig Kieselerde-Tabletten (Reformladen) und das Spurenelement Selen in Kapselform (Apotheke). Oder bereiten Sie sich folgenden Kräutertee zu: 3 Teile römische Kamille und 2 Teile Ringelblumenblüten. Davon 1 Esslöffel in 1/4 Liter Wasser kurz aufkochen, 20 Minuten ziehen lassen. Trinken Sie täglich 2 bis 3 Tassen lauwarm.

Für die Seele

Anis, Kümmel und Fenchel für gute Laune

»Großmutters Bester« nennt man ein uraltes bayrisches Rezept, das für gute Laune sorgt.

Man mischt zu gleichen Teilen Anis, Kümmel und Fenchel. Ein Teelöffel davon wird mit einer Tasse kochendem Wasser übergossen, 8 Minuten ziehen lassen, durchseihen, mit etwas Honig trinken. Beruhigt, vor allem auch Kinder, und bringt wieder bessere Stimmung.

Kräuter und Hafer bei Reizbarkeit

Lassen Sie sich in der Apotheke folgende Mischung anfertigen: 4 Teile Kamillenblüten, 3 Teile Haferstroh, 2 Teile Königskerzen, 2 Teile Anis, 3 Teile Lavendel und 3 Teile Labkraut. 1 Esslöffel davon mit 1 Tasse kaltem Wasser zustellen, kurz aufkochen, 10 Minuten ziehen lassen, durchseihen, mit etwas Honig süßen.
An Tagen, an denen man gereizt ist, 2 Tassen trinken. In den Inhaltsstoffen des Tees sind zahlreiche beruhigende ätherische Öle.

Für guten Schlaf

Einschlafstörungen: Thymian-Kur vor dem Zubettgehen

Bereiten Sie sich 1 Tasse Thymian-Tee zu: 1 Teelöffel Thymian-Kraut (Apotheke, Drogerie) mit kochendem Wasser übergießen, 8 Minuten ziehen lassen, durchseihen, mit etwas Honig süßen und trinken. Man kann auch ein wenig Zitronensaft dazugeben.
Parallel dazu übergießen Sie 2 Esslöffel Thymianspitzen mit einem halben Liter kochendem Wasser, 15 Minuten zugedeckt ziehen lassen, durchseihen. Damit waschen Sie vor dem Zubettgehen das Gesicht.

Supertee nach spätem Essen und langem Fernsehen

Gegen die Schlafstörungen, bedingt durch üppiges Essen und aufwühlendes Abendprogramm, sollten Sie folgenden Kräutertee trinken: Lassen Sie sich in der Apotheke 40 g Pfefferminze, 40 g Melisse, 20 g Kümmel und 150 g Baldrianwurzeln mischen.

Davon 2 Teelöffel mit einer Tasse kochendem Wasser übergießen, 3 Minuten ziehen lassen, 2 Teelöffel Melissengeist und 2 Teelöffel Honig einrühren, langsam trinken und dann zu Bett gehen.

Müde und gereizt: Die Mariendistel hilft

Wenn die Leber durch Umweltgifte belastet ist, wirkt sich das auf Ihre Vitalität, auf Ihre Konstitution und auf Ihre Laune aus. Die ätherischen Öle und Bitterstoffe einer Heilpflanze können hier helfen. Es handelt sich um die Mariendistel.
Ihr natürlicher Leberschutzstoff Silymarin gibt der Leber neue Kraft, macht Körper, Geist und Seele vital. Machen Sie eine 6-Wochen-Kur mit Mariendisteltee.

3 Kräuter gegen Ruhelosigkeit

Bei Ruhelosigkeit versuchen Sie folgende Kräutertee-Mischung: 3 Teile Salbeiblätter, 2 Teile Rosmarin, 1 Teil Lavendelblüten.

1 Esslöffel davon mit 1 Tasse kochendem Wasser übergießen, 15 Minuten ziehen lassen, durchseihen. 2 Tassen zum Frühstück trinken. Wenn die Stimmung sich nicht bessert, sollten Sie mit Ihrem Arzt sprechen, ob er Ihnen Johanniskraut empfiehlt.

Tees zur Beruhigung von Herz und Nerven

- Lavendeltee fördert den Schlaf, bringt ein aufgebrachtes Gemüt zur Ruhe, bekämpft Kopfschmerzen und Migräne.
- Johanniskrauttee schenkt vor allem am Morgen nervösen Menschen Kraft und Ruhe. Sehr wichtig ist seine Wirkung bei Wechseljahrbeschwerden.
- Der Melissentee wirkt positiv auf das vegetative Nervensystem, schafft Beruhigung in den Wechseljahren.

Tees zum Entschlacken und Entgiften

- Brennnesseltee – aus getrockneten oder aus frischen Blättern – enthält blutreinigende Substanzen, auch viel Kalium, besonders wertvoll für Haut und Haare.
- Löwenzahntee bringt mit seinen Bitterstoffen die Leber in Schwung, beugt Gallen-, Gicht- und Rheumaproblemen vor.
- Salbeitee heilt Entzündungen im Mund, Rachen und am Zahnfleisch und senkt die Schweißabsonderung.
- Mariendisteltee beeinflusst den gesamten Verdauungstrakt, gibt auch der Arbeit der Leber neue Impulse.

Tees zur Anregung und Erfrischung

- Durch seinen reichen Gehalt an Vitamin C baut der Hagebuttentee den Organismus auf.
- Himbeerblättertee gibt vor allem Frauen nach ihren Tagen Kraft.
- Schlehdornblütentee gibt neuen Schwung und Kraft.
- Besonders erfrischend am Morgen ist der Brombeerblättertee.

Mit Kneipp fit in den Frühling:
Wasser, Heilkräuter, Ernährung, Bewegung, Lebensstil
Kneipp Bund
Die Kneippbewegung gibt es auf der ganzen Welt, die 3 größten Verbände befinden sich in Österreich, Deutschland und in der Schweiz. An die 1.000 lokale Kneipp-Vereine oder Aktiv-Clubs bieten ihren Mitgliedern das Kneipp-Gesundheitsprogramm an: In Kursen kann man die Kneipp-Wasseranwendungen erlernen.
Zum Kneipp-Programm gehören auch eine gesunde Ernährung, die Verwendung von Heilkräutern, viel Bewegung und eine Lebensordnung, die die Basis für ein Bestehen in allen Lebenslagen bietet. Viele Kneipp-Aktiv-Clubs bieten »Schlank ohne Diät« in Selbsthilfegruppen an.
50.000 Mitglieder gehören dem Österreichischen Kneippbund an,
160.000 dem Deutschen Kneippbund e. V. und
16.000 dem Schweizer Kneippverband.
Wir laden auch Sie ein, Mitglied der Kneippbewegung zu werden!
Fordern Sie kostenlos unsere Informationsbroschüren an.
Interessenten wenden sich an:
Österreichischer Kneippbund
Kunigundenweg 10 · A-8700 Leoben · Tel.: (0 38 42) 2 17 18 · FAX: DW 19
Internet: www.kneippbund.at · E-Mail: office@kneippbund.at
Kneipp-Bund e.V., Deutschland
Adolf-Scholz-Allee 6 – 8 · D-86825 Bad Wörishofen · Tel.: (0 82 47) 30 02-0
Internet: www.kneippbund.de · E-Mail: kneippbund@t-online.de
Schweizer Kneippverband
Weissensteinstraße 35 · CH-3007 Bern · Tel.: (0 31) 3 72 45 43
Internet: www.kneipp.ch · E-Mail: info@kneipp.ch
Kleine Dosis täglich –
große Wirkung ein Leben lang!

Frühlingsfit